全集

伝え継ぐ　日本の家庭料理

年取りと正月の料理

（一社）日本調理科学会　企画・編集

はじめに

日本は四方を海に囲まれ、南北に長く、気候風土が地域によって大きく異なります。このため各地でとれる食材が異なり、その土地の歴史や生活の習慣などともかかわりあって、地域独特の食文化が形成されています。地域の味は、親から子、人から人へと伝えられていくものですが、食の外部化が進んだ現在ではその伝承が難しくなっています。このシリーズは、日本人の食生活がその地域ごとにはっきりした特色があったとされる、およそ昭和35年から45年までの間に各地域に定着していた家庭料理を、日本全国での聞き書き調査により掘り起こして紹介しています。

本書では、新しい年を迎える節目に準備される料理を集めました。かつては日没を一日の変わり目とする考え方があり、大晦日の夕食に年取りのごちそうを用意する地域もあります。新潟では大晦日には早めに入浴をすませて新しい服に着替え、玄関の鍵をかけ、家族だけで年取り料理を厳かに味わい（ｐ88）、大分では年取りには家族や親戚一同が集まり、刺身や焼き物、煮物、鍋などの料理をたっぷり用意して食事をしました（ｐ102）。

元日の朝を迎えると、地域ごと家ごとにさまざまな雑煮を祝い（食べ）ました。具の少ないシンプルな雑煮では、もちが神聖なものに見えてきます。具だくさんな雑煮からは山海の幸をそろえた喜びが伝わってきます。なれずしやあらめ巻き、落花生の煮豆など、正月料理もところ変わればじつに多彩です。一つひとつの食材に健康長寿や豊年満作のいわれがある伝統的な正月料理には、この一年も誰もが無事で過ごせるようにと願う気持ちを、時代を越え場所を越えて伝える力があるようです。

聞き書き調査は日本調理科学会の会員が47都道府県の各地域で行ない、地元の方々にご協力いただきながら、できるだけ家庭でつくりやすいレシピとしました。実際につくってみることで、読者の皆さん自身の味になり、そこで新たな工夫や思い出が生まれれば幸いです。

２０２０年11月

一般社団法人 日本調理科学会 創立50周年記念出版委員会

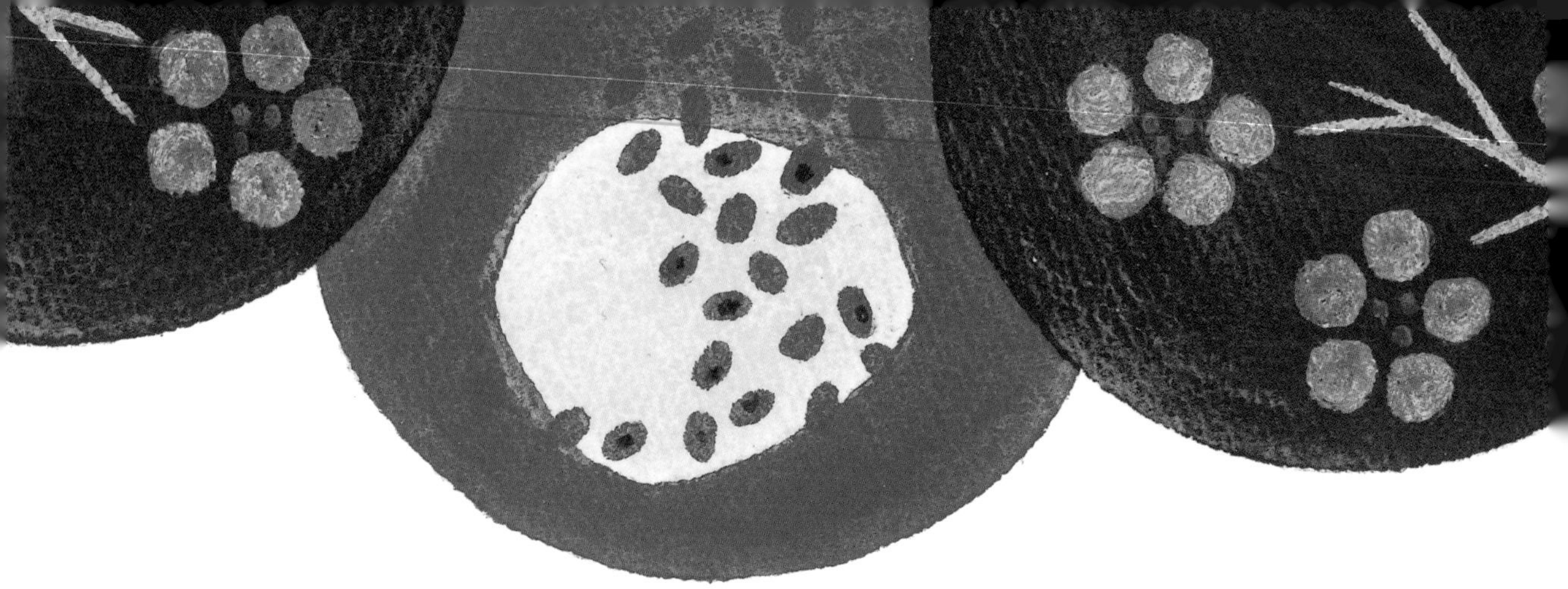

目次

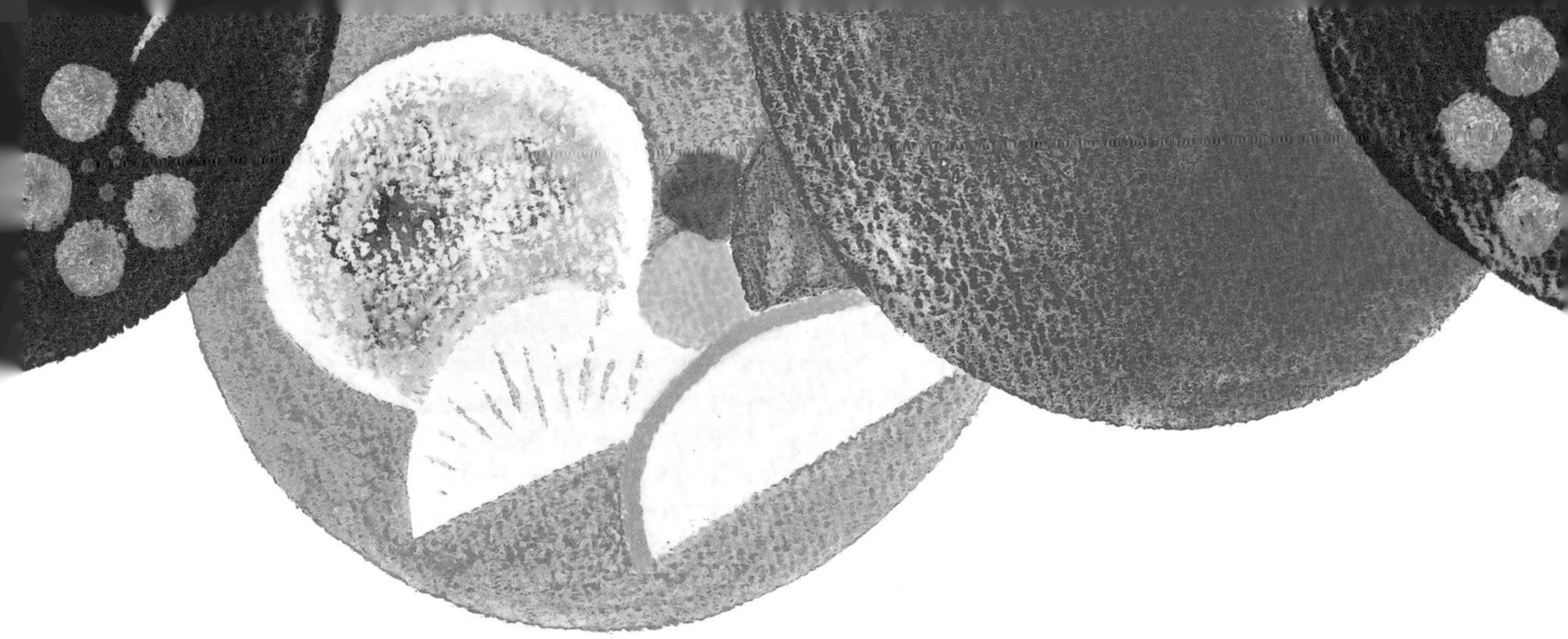

イラスト／武藤良子（目次、p120、122）

凡 例

◎「著作委員」と「協力」について

「著作委員」はそのレシピの執筆者で、日本調理科学会に所属する研究者です。「協力」は著作委員がお話を聞いたり調理に協力いただいたりした方（代表の場合を含む）です。

◎ エピソードの時代設定について

とくに時代を明示せず「かつては」「昔は」などと表現している内容は、おもに昭和35～45年頃の暮らしを聞き書きしながらまとめたものです。

◎ レシピの編集方針について

各レシピは、現地でつくられてきた形を尊重して作成していますが、分量や調理法はできるだけ現代の家庭でつくりやすいものとし、味つけの濃さも現代から将来へ伝えたいものに調整していることがあります。

◎ 材料の分量について

・1カップは200mℓ、大さじ1は15mℓ、小さじ1は5mℓ。1合は180mℓ、1升は1800mℓ。

・塩は精製塩の使用を想定しての分量です。並塩・天然塩を使う場合は小さじ1=5g、大さじ1=15gなので、加減してください。

・塩「少々」は親指と人さし指でつまんだ量（小さじ1/8・約0.5g）、「ひとつまみ」は親指と人さし指、中指でつまんだ量（小さじ1/5～1/4・約1g）が目安です。

◎ 材料について

・油は、とくにことわりがなければ、菜種油、米油、サラダ油などの植物油です。

・濃口醤油は「醤油」、うす口醤油は「うす口醤油」と表記します。ただし、本書のレシピで使っているものには各地域で販売されている醤油もあり、原材料や味の違いがあります。

・「砂糖」はとくにことわりがなければ上白糖です。

・「豆腐」は木綿豆腐です。

・味噌は、とくにことわりがなければ米麹を使った米味噌です。それぞれの地域で販売されている味噌を使っています。

・単に「だし汁」とある場合は、だしの素材は好みのものでよいです。

◎うま味と旨みの表記について

本書では、5つの基本味のひとつ*である「うま味（Umami）」と、おいしさを表現する「旨み（deliciousness）：うまい味」を区別して表記しています。
*あとの4つは甘味、酸味、塩味、苦味。

◎一般的なだしのとり方

〈かつおだし〉沸騰した湯にかつお節（できあがりの1%重量）を入れたら火を止める。かつお節が沈んだらこす。沸騰させ続けると、渋みや苦味が出て、香りも飛ぶ。

〈昆布だし〉水に昆布（できあがりの2%重量）を30分ほどつけてから火にかける。沸騰直前に昆布をとり出す。沸騰させると、臭みやえぐみ、粘りが出る。

〈煮干しだし〉水に煮干し（できあがりの2%重量）を5分以上つけてから火にかける。沸騰したらアクを除き、2～3分煮出してからこす。煮干しの頭、ワタをとり除くと雑味がないだしになる。

計量カップ・スプーンの調味料の重量 (g)

	小さじ1（5mℓ）	大さじ1（15mℓ）	1カップ（200mℓ）
塩（精製塩）	6	18	240
砂糖（上白糖）	3	9	130
酢・酒	5	15	200
醤油・味噌	6	18	230
油	4	12	180

雑煮・もち

丸もちに角もち、醤油味に味噌味と、全国で多彩な雑煮がつくられています。もちが主役のシンプルなものから、山海の幸を盛ったものまで、お国柄が反映され、ここで紹介するのも、ほんの一部です。雑煮以外の正月のもち料理も紹介します。

〈岩手県〉

くるみ雑煮

すまし仕立ての雑煮に甘いくるみだれを添える食べ方は、宮古市周辺のきわめて限定された地域で昔から続いてきたものです。リアス海岸の三陸沿岸は海に続きすぐ山となり、田んぼはほとんどなく米は貴重品でした。もちはさらに貴重で、雑煮と、ごちそうの代表であるくるみもちの両方を味わいたい、食べさせたいと考え出されたとされています。

内陸部の県南、県央は米どころで正月には雑煮の他にあんこやくるみなど多様なもち料理を食べる風習があり、一方、県北では、正月にもちを食べることができなかった時代もあります。沿岸部の宮古市周辺は県北と県央の境目にあり、両方の文化が入り混じり、独特の食べ方になったと考えられます。

くるみだれは直接雑煮のもちにかけるか、別添えしてそれにもちをつけて食べます。家庭によっては雑煮にあわび、いくら、鮭、かまぼこ、ちくわなどの海産物を入れることも多く、その場合はたいてい別添えします。

協力＝盛合敏子　著作委員＝菅原悦子

＜材料＞ 4人分

角もち…8個
にんじん…20g
ごぼう…1/4本（40g）
椎茸…小2枚（40g）
こんにゃく…100g
だし汁（昆布）…4カップ
醤油…大さじ1と1/3
塩…小さじ2
酒…少々
三つ葉…少々
くるみだれ
　むきぐるみ…80〜100g
　砂糖…大さじ3〜4
　塩…少々

＜つくり方＞

1. にんじん、ごぼう、椎茸を太めのせん切りにする。こんにゃくはアクを抜いて、薄い短冊切りにする。
2. だし汁に1の材料を入れ、野菜がやわらかくなるまで煮て醤油、塩、酒で調味する。
3. 角もちを焼き、湯に通しやわらかくする。
4. くるみをよくすり、砂糖、塩で味を調え、雑煮の汁でとろみを調整する。
5. 椀の底に2の具を少量敷き、もちを入れてさらに具をのせ、2cm長さに切った三つ葉を飾り、熱い汁を注ぐ。
6. もちの上にくるみだれをかける。猪口《ちょこ》（小鉢）に盛って添え、もちをつけて食べてもよい。

県南を中心につくられているひき菜の雑煮。せん切りの大根とにんじんをひき菜といい、ゆでてしぼって使う。鶏肉や鶏ガラのだしで醤油仕立て。具は他にささがきごぼう、からとり（芋がら）、椎茸、なるとなど。雑煮とは別にあんこもちやくるみもちも食べる

一関市の一部の地域（旧一関市の中心部）で食べられている豪華な伊達巻き入りの雑煮。ひき菜の雑煮の上に、伊達巻き、かまぼこなどをのせる。家によっては、別鍋で煮た鶏肉、椎茸、たけのこや、いくらがのる

撮影／奥山淳志

雑煮
〈宮城県〉

宮城県の雑煮は「ひき菜雑煮」とも呼ばれます。ひき菜とは大根、にんじん、ごぼうをせん切りにし、さっとゆで、しぼって水けをきり凍らせたもので、凍らせることでしなやかな食感になります。正月中に何度も雑煮をつくるので、凍ったまま汁に入れればよいひき菜は年末に大量につくりおきしておくそうです。県全域で使われ、おひき菜、おしき菜とも呼ばれます。これに地域ごとに特有の具が加わるので、雑煮は具だくさんです。

雑煮のだしを何でとるかには地域により違いがあり、山麓部や丘陵地帯では鶏肉やキジ肉、精進のだしが使われ、平野部ではなまずやふなの焼き干し、沿岸部では焼きはも（穴子のこと）などと多様です。文献では鮎、ほや、あわび、するめ、うさぎなどが使われた例もあります。紹介するレシピは仙台市街地の雑煮の一例です。よく「仙台雑煮」と紹介される焼きはぜを使った雑煮は必ずしも主流というわけではなく、他にもさまざまな雑煮がつくられていたようです。

著作委員＝野田奈津実、和泉眞喜子、濟渡久美

＜材料＞ 4人分

角もち…4個
大根…1/3本（400g）
にんじん…1本（150g）
ごぼう…1本弱（150g）
凍み豆腐…2枚（10g）
からとり（ずいき）…1/2本（6g）
鶏肉（むね肉またはもも肉）…150g
だし汁*…1ℓ
醤油…大さじ1
塩…小さじ1/2
酒…大さじ2
みりん…大さじ1
せり…2本程度（30g）
なると…40g
イクラ**…40g

*かつおだしや鶏だしほか、好みのだしでよい。鶏だしは鶏ガラからとる場合もあれば、具の鶏肉を甘辛煮にしてその煮汁や煮こごりを使うこともある。

**生のまま、薄めの塩漬け、醤油にさっとくぐらせるなど好みで。

＜つくり方＞

1 ひき菜をつくる。大根、にんじん、ごぼうはせん切りにして軽くゆでたあと（写真①、②）、水けをしぼって外気に触れる場所または冷凍庫で凍らせる。
2 凍み豆腐は戻して細切り、からとりも戻して2cm長さに切る。
3 鶏肉はひと口大に切る。
4 鍋に凍み豆腐、からとり、だし汁を入れて火にかけ、煮立ったら凍ったままのひき菜と、鶏肉を加えてアクをとる。
5 醤油、塩、酒、みりんで味つけし、弱火で10分ほど煮る。
6 せりは3cm長さに切り、なるとは5mm厚さに切る。
7 もちは焼いて熱湯にくぐらせてから椀に1個ずつ入れる。底に少しひき菜を敷くと、くっつかない。5を注ぎ、上にせり、なると、イクラを飾る。

◎ひき菜は大根・にんじん・ごぼうを一緒にゆでても、別々にゆでて後で混ぜてもかまわない。写真②のように広げて凍らせることも、小分けに丸めて凍らせることもある。外気で凍らせる期間は1晩〜数日間と家庭により異なるが、数日置くと凍ってとけてを繰り返し、干し野菜に近い状態になる。

焼きはぜだしの雑煮

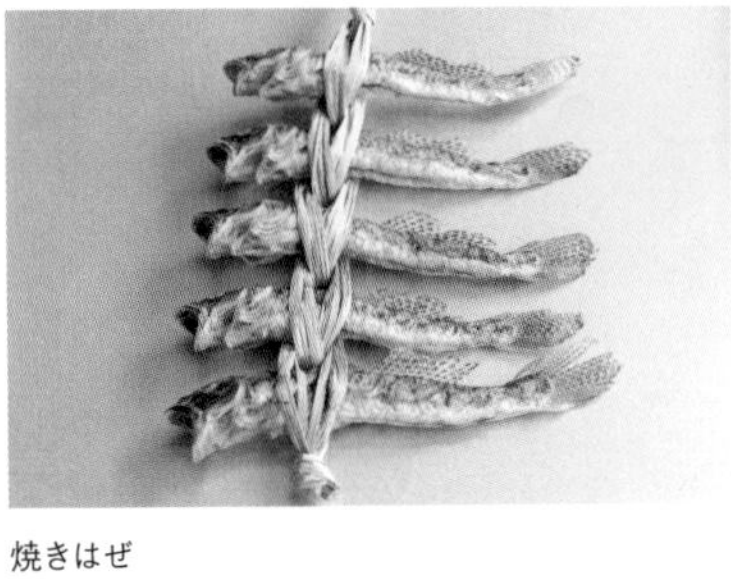
焼きはぜ

撮影／高木あつ子

〈宮城県〉

油揚げと凍み豆腐の雑煮

県内陸で田園地帯や丘陵、奥羽山脈にまで広がる加美《かみ》町の山間部で教わった雑煮です。この地方では、魚類を雑煮に使う習慣はなく、精進に近い雑煮が食べられてきましたが、近年では多くの家庭で鶏肉など動物性の具が使用されるようになっています。その中で、野菜類と油揚げ、凍み豆腐といった精進の雑煮が受け継がれている家庭もあり、山間部における自給自足の伝統的雑煮の例といえます。

大根とにんじん（ごぼうが入ることも多い）のせん切りをゆでて凍らせた「ひき菜」やせりという宮城県の雑煮に共通の具の他、里芋の茎を乾燥した「からとり（ずいき）」を使っています。以前はたくさんの地域で雑煮にからとりが使われましたが、乾燥に手間がかかるため、今では、からとりも買わないと手に入らない貴重品です。たんぱく質源の凍み豆腐や油揚げは野菜に合わせ細長く切って入れます。これもかつては大豆から手づくりした自給品でした。

協力＝早坂とくよ、早坂洋子
著作委員＝宮下ひろみ

撮影／高木あつ子

<材料> 4人分

角もち…4〜8個
大根…1/4本（300g）
にんじん…1/3本（50g）
からとり（ずいき）
　…1本（8g、戻して50g）
油揚げ…1/2枚（15g）
凍み豆腐
　…1枚（10g、戻して約60g）
せり…4〜5本（15g）
だし汁（昆布とかつお節）…3カップ
醤油…大さじ2と2/3
塩…適量

<つくり方>

1. 大根、にんじんは細めのせん切りにして、さっとゆでて水けをきり、ラップに包んで一晩冷凍する。
2. もちは焼いておく。
3. からとりは水で戻して2〜3cmに切る。油揚げは熱湯をかけて余分な油を落として長めの短冊に切る。凍み豆腐は、戻して細長い拍子木切りにする。せりは粗く切る。
4. 鍋にだし汁を煮立たせて1を凍ったまま入れ、解凍したら醤油と塩で味を調える。油揚げ、凍み豆腐、からとりも加えてひと煮立ちさせて火を止める。
5. 椀の底にまず4の中の野菜を少し敷いて、もち1〜2個を入れ、4の具材を盛り、汁をかけ、最後にせりをのせる。

撮影／五十嵐公

＜材料＞8個分

角もち…8個
塩引きザケ…4切れ

＜つくり方＞

1 塩引き鮭は焼いて半分にしておく。
2 もちを焼いて、もち1個に塩引き鮭半分を柏もちのようにはさむ。

◎もちは、以前は1升ののしもち(一辺約30㎝・一尺の正方形)を4×4の16等分に切り分けていたが、今は各家庭で食べやすいサイズにしている。

〈茨城県〉

塩《しお》引《び》きもち

ひたちなか市は、内陸部の旧勝《かつ》田《た》市では自家製納豆をからめた納豆もちを、鮭が遡上する那珂川《なかがわ》の河口にある那珂湊《なかみなと》地区では焼いた塩引き鮭(新巻き鮭)をはさんだ塩引きもちを供し、同じ市内でも違った正月の食文化があります。筑西《ちくせい》市ではしょーびきもちと呼び、もちにほぐした鮭をはさみます。

茨城県ではお歳暮に塩引き鮭を贈る習慣があり、嫁の生家では嫁ぎ先から贈られた鮭で塩引きもちをつくりました。当時の塩引き鮭は塩分が強かったので台所につるし、使う分だけ切り分けました。焼くと表面に塩の結晶がつくほどで、料理によっては酒で塩抜きすることもありました。地物の生鮭にきつめに塩をして塩引き鮭をつくり、もちに使う家庭もあります。

元旦は角もちの上に焼いた塩引き鮭をのせた器と、若水を家長が神棚に供えて一年が始まります。正月は雑煮やしるこもふるまわれます。以前は三が日は塩引きもちを食べていましたが、今は家庭により異なります。

協力＝ひたちなか市食生活改善推進員連絡協議会　著作委員＝渡辺敦子

はば雑煮

〈千葉県〉

すまし汁にもちを入れ、あぶったはばのりと青のり、かつお節を混ぜたものをたっぷりかけます。濃いうま味と潮の味がきいた雑煮です。県東部の海匝《かいそう》地域、とくに山武《さんむ》市や東金《とうがね》市、海沿いの九十九里浜周辺などで食べられています。東金市は海沿いではありませんが、海産物が集まる問屋町があったり、九十九里からの行商も来ていたので、はば雑煮を食べたと思われます。

はばのりはコリコリとした独特の食感が特徴の風味豊かな海藻で、「年の始めに食べれば、一年中はばが利く」といわれる縁起物です。ゆっくりあぶると鮮やかな緑色になり、パリッとかたくなります。

冬の11月から2月頃に、海岸の岩場でやわらかい笹の葉状のはばのりを手で摘みます。洗って刻み、海苔簾《す》に並べて干すまですべて手作業で、収穫量も減っているので、30年ほど前は１枚３００円くらいだったものが、現在は１枚１０００円もします。最近は雑煮用にはばのり、青のり、かつお節を混ぜたものが手頃な価格で販売されています。

協力＝鬼原一雄　著作委員＝中路和子

撮影／高木あつ子

＜材料＞ 4人分

切りもち…適量
だし汁（かつお節）…5カップ
醤油…大さじ2
はばのり…適量（例：2枚 約20g）
青のり…適量（例：3〜4枚 約5g）
かつお節…適量（例：5g）

はばのり

＜つくり方＞

1. はばのり、青のりをそれぞれパリッとするまであぶる。フライパンを使うと便利。はばのりは色が緑色に変わるくらいを目安にする。手でもみほぐして容器に入れ、かつお節を加えて全体を混ぜておく。
2. 鍋にだし汁を煮立て、醤油で味を調え火を止める。
3. もちはゆでるか焼くかして椀に入れ、2のだし汁を加える。
4. 食べる直前に1をたっぷりかけると香りが引き立つ。

◎にんじん、大根、里芋などを加える家もある。

のりをかける前の雑煮。これは野菜入り

撮影／五十嵐公

<材料> 4人分

のしもち（切りもち）…4個
大根…5cm（200g）
里芋（小）…3〜4個
味噌…小さじ1
だし汁（かつお節）…3〜4カップ
醤油…大さじ1と2/3〜大さじ2

<つくり方>

1 大根は厚めのいちょう切り、里芋は皮をむいて4等分に切り、やわらかくゆでる。
2 1にひたひたより少なめの水と味噌を加えて煮て、神様に供える分をよそう。供えた残りにだし汁を加え、醤油で味を調える。
3 もちを焼く。
4 2にもちを加えさっと煮て、椀に盛りつける。

雑煮

〈神奈川県〉

米や野菜の生産がさかんな伊勢原市小稲葉《こいなば》では、正月三が日は毎朝、里芋と大根だけのシンプルな雑煮をつくります。

雑煮は、先に神様に供える分をつくります。具の里芋と大根は暮れの晦日に正月三が日分をまとめて切ってゆでて、昔は外の納屋に保存しました。この野菜を水と味噌で煮て、生ののしもち（切りもち）2個を入れた木製の小皿に具をよそいます。供えるのは男性（家長）の役目で、年神様と大神様（天照大御神）の神棚と、荒神《こうじん》様（台所の神様）とお稲荷様（稲の神様）の神棚とがあり、それぞれの神様にお供えします。家族は、神様に供えた残りにだし汁と醤油を加え、焼いたもちを入れて食べます。昔は雑煮をつくるのも男性で、女性がさわることはありませんでした。

神棚に鏡もちを飾るのも男性で、うらじろ、だいだい、ゆずりはと、秋にとりおいたきれいなわらでしめ縄をつくり飾ります。昔は、神様の横に塩引き（新巻き鮭）をつるしたそうです。

協力＝柏木菊枝
著作委員＝櫻井美代子

雑煮〈東京都〉

鶏肉、小松菜、なるとに焼いた切りもち、かつおだしのすまし仕立てが東京の雑煮として紹介されますが、23区内から奥多摩までの7地域で調べたところ、だしも具も地域によって違いがありました。

品川はいわゆる東京の雑煮ですが、板橋では小松菜と八つ頭のみ。小松菜は名(菜)をあげる、八つ頭は子孫繁栄の縁起をかつぎます。奥多摩町では里芋、根菜、きのこと具だくさんで、たんぱく質源の豆腐が必ず入ります。

もちは、品川では購入、板橋と奥多摩では臼と杵でつきました。山に囲まれた奥多摩には水田はなく、昭和40年代中頃までは米穀通帳を使って配給米を購入していました。貴重な米を、正月から小正月まで食べられるようにと何臼もつきました。もちは最初に丸もちをとり、それからのしもちにします。丸めたもちは神棚や恵比寿様、大黒様、火の神様、水の神様などに供えます。「苦につながる」ので12月29日を除き、一夜飾りとならないように30日までにつきました。

協力＝代三千代、安井茂、大串久美子
著作委員＝成田亮子、加藤和子、大久保洋子

雑煮(品川)

<つくり方> 4人分

1 鶏もも肉40gはそぎ切りにして、熱湯をかける。小松菜60gは色よくゆで、葉の部分を折って1本をひとつ結びにする。これを4個つくり、残りは2cm長さに切る。にんじん1/4本(40g)は花形に切り下ゆでする。

2 だし汁(かつお節)4カップを煮立たせ鶏肉を入れ、塩小さじ1弱と醤油小さじ1で調味する。

3 椀に切った小松菜を入れ、焼いてさっと汁に通したもちをのせ、鶏肉、結び小松菜、にんじん、なるとを盛る。汁を注ぎ、へぎゆずを飾る。もちの下に小松菜を敷くと、椀にもちがつかない。

撮影／長野陽一

雑煮（板橋）

＜つくり方＞ 4人分

1 小松菜80gは色よくゆで、適当な長さに切る。八つ頭300gは皮をむき、ひと口大に切り分け、たっぷりの湯でかためにゆでる。

2 だし汁（かつお節）4カップを加熱し、醤油大さじ2で調味する。八つ頭を加えてやわらかくなるまで煮て、焼いたもちを加えて温める程度に煮る。小松菜を加えて火を止める。

3 椀に盛る。好みでゆずの皮を添える。

雑煮（奥多摩）

＜つくり方＞ 8人分

1 里芋（大）5個の皮をむきひと口大に切る。干し椎茸10枚は戻して笠は薄切り、軸は輪切り、ごぼう1本はささがき、大根1本とにんじん大1本はいちょう切りにする。

2 鍋に1とだし汁*2ℓを入れ、強火にかける。沸騰したらアクをとり中火で煮る。

3 野菜がやわらかくなったら、ひと口大に切った豆腐1丁を入れる。醤油お玉1杯（70㎖）、塩少々で味を調え、長ねぎ2本を5㎜厚さの小口切りにして入れる。

4 もちを焼きお椀に入れ、具と汁を盛り、ゆでて細かく切った大根葉とゆずの皮のせん切りを上にのせる。

*一番だし（昆布・かつお節・干し椎茸）のだしがらに、煮干しまたはかつお節ひとつかみを加えてとったもの。

〈富山県〉

雑煮（呉東《ごとう》・呉西《ごせい》）

県東部（呉東）で富山湾沿岸の滑《なめり》川《かわ》、魚津《うおづ》、黒部あたりでは、うまづらはぎや鯛、ぶりなどを焼いてむしった「むしり魚」と、野菜やなるとも入った具だくさんの雑煮がつくられます。紹介するレシピは滑川の商家で食べられてきたものです。魚の頭も捨てずに一匹丸ごとを利用します。昭和30年にこの家から魚津の漁家へ嫁いだ方は、元日と2日は嫁ぎ先の雑煮で鯛のむしり魚に大根、ごぼう、にんじんを入れてつくり、3日には実家の雑煮をつくって食べたそうです。

一方、県西部（呉西）で散居村の景観が有名な砺波《となみ》地方では、もちとねぎと結び昆布とかまぼこだけのシンプルな雑煮で正月を祝います。元日の午前中は包丁を使わないために、大晦日の夜10時頃から雑煮の準備をすべて整えて新年を迎えるようにしたそうです。根がついたねぎは白髪が生えるまでの長寿を願い、昆布は「よろこぶ」にちなんでいます。かまぼこは富山の特産品の巻きかまぼこで、赤巻きは紅白の縁起物です。

協力＝大黒富子、桑谷博美
著作委員＝深井康子、守田律子、稗苗智恵子

魚津（呉東）の雑煮

＜材料＞4人分

切りもち…4個
ウマヅラハギまたはカワハギ
…中1尾（200g）
青菜（せり、ほうれん草など）
…4株（40g）
なると…薄切り4枚
たけのこ（水煮）…80g
刻みのり…少々
だし汁（できあがり5カップ）
水…6カップ
昆布…12g
ウマヅラハギの頭…1尾分
塩…小さじ2
醤油…小さじ1/2

ウマヅラハギ

＜つくり方＞

1 ウマヅラハギは頭と皮をとり、素焼きにする（写真①）。身を骨からはずし、大きめにほぐす。頭はだし汁用にとっておき、よく洗う。
2 青菜は湯がいて、約3cm長さに切りそろえる。
3 たけのこはうす切りにし、水100mℓと醤油小さじ1（ともに分量外）で煮て、下味をつける。
4 だし汁をつくる。鍋に水を入れ昆布を約20分浸してから火にかける。沸騰直前に昆布をとり出し、ウマヅラハギの頭を入れて煮立てる。塩を先に入れ醤油で味を調え、頭はとり出す。
5 別の鍋に湯を沸かし、焼いたもちを軽く湯通しして、椀に1個ずつ入れる。
6 5にウマヅラハギの身、青菜、なると、たけのこをのせ、上から熱い4を注ぐ。
7 最後に刻みのりをのせる。

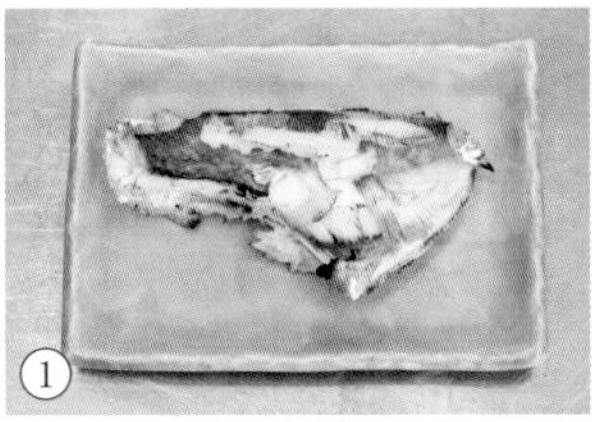

砺波（呉西）の雑煮

＜材料＞4人分

切りもち…4個
白ねぎ（根つき）
…ねぎ部分4cm＋根　4本
赤巻きかまぼこ…4cm（60g）
だし汁（昆布とかつお節）…5カップ
うす口醤油…小さじ1
塩…小さじ1
昆布…5mm幅で約10cm　4本（8g）

左から昆布、かまぼこ、ねぎ。もち以外の具はこれだけ

＜つくり方＞

1 白ねぎは、根の部分も含めて約30秒さっと湯に通す。半分の長さで切り、根のついた部分と根のない部分に分ける。
2 かまぼこは、5mm厚さに8枚に切る。
3 昆布をぬれ布巾で少し湿らせてしばらくおき、結び昆布にする。
4 もちは焼き色をあまりつけないように焼く。
5 鍋にだし汁を煮立て、醤油、塩で味を調える。
6 椀にもちを1個入れ、白ねぎ1本分、かまぼこ2枚、結び昆布1本をそれぞれにのせ、熱い5を注ぐ。

魚津（呉東）の雑煮

砺波（呉西）の雑煮

撮影／長野陽一

雑煮

〈福井県〉

味噌仕立ての汁にもちとかつお節のみの大変シンプルな雑煮です。もちも直径7～8㎝と一般的なものよりひとまわり大きいのが福井、とくに県北部の嶺北《れいほく》の雑煮の特徴です。この雑煮を毎年食べているので、たくさんの具材がのった雑煮には違和感があるという人も多いです。「味噌ともちのみで、それぞれのおいしさがマッチして味わい深い」『たっぷりのせるかつお節で、さらにうま味がアップされておいしい」など、県民の舌にしっかりなじんでいます。毎日でも食べられる、つくるのも簡単な雑煮なので、もちをもらうと、いつでもつくるという人もいます。

福井の中でも、いろいろな具がのった雑煮を食べていた他の地域で生まれ育った人は、結婚してこの雑煮を初めて食べたときは驚いたが、今ではこれを食べないと正月が来た気がしないといいます。また、南部の嶺南《れいなん》では醤油仕立てや黒砂糖を使った雑煮があるなど、地域によって、さまざまな食べ方があります。

協力＝竹下真弓　著作委員＝森恵見

撮影／長野陽一

＜材料＞ 4人分

丸もち…4個
だし昆布…15㎝角1枚
水…500㎖
味噌（淡色辛口）…大さじ3
花かつお…適量

＜つくり方＞

1 鍋に昆布を入れその上に丸もちをのせる。
2 1に水を入れ、強火にかけ、沸騰してきたら弱火にして、もちがやわらかくなるまで煮こむ。箸などでつついてやわらかくなったことを確認する（写真①）。
3 味噌を溶き入れる。
4 器にもちと汁を盛り、上から花かつおをかけて食べる。

撮影／高木あつ子

<材料> 4人分

切りもち…4個
ブリ（切り身）*…160g
大根…80g
にんじん…40g
こんにゃく…80g
長ねぎ…40g
なると…40g
水…600mℓ＋蒸発分
醤油…大さじ1強
塩…少々

*昔は塩ブリだったが、今は手に入らないので、生のブリを購入する。ブリからだしが出るので、だしはとらない。

<つくり方>

1 ブリは食べやすい大きさにそぎ切りにする。
2 大根とにんじんは5cm長さの短冊切り、長ねぎは斜めの薄切り、こんにゃくは水で洗ったあと、4枚の短冊切り、なるとは斜めに4枚の薄切りにする。
3 大根、にんじん、こんにゃくを水で煮て、やわらかくなったら**1**のブリを入れ、アクをとりながら火が通るまで煮る。
4 **3**の煮汁の味をみて醤油と塩を加え、長ねぎ、なるとを加えてひと煮立ちさせる。
5 もちは焦がさないようにオーブントースターで焼く。湯にくぐらせ、**4**に加える。
6 椀に具ともちを盛りつけ、汁を入れる。

◎好みでゆずの皮を松葉に切って飾ってもよい。

〈長野県〉

ぶり雑煮

ぶりは成長に従って呼び名が変わる出世魚です。縁起のよい魚で年取り用の高級魚として珍重され、かつて富山湾でとれたぶりは塩ぶりにして松本を経由し、木曽、諏訪、伊那方面へ運ばれました。安曇平はその流通経路にあたり、経済力のある家庭では暮れには塩ぶりを1尾購入しました。神棚に頭や尾を供え、神仏に一年の無事の感謝と喜びを伝え、年取り魚や煮物や雑煮にして新年を祝いました。

昔は、二十日正月まで少しずつ分けて大事に食べ、年始の客もぶり雑煮でもてなしました。ぶり以外の具は、大根やねぎ、白菜など家庭で収穫された野菜が使われました。雑煮にぶりを使うのは、年取り魚用に切り身を切り出したあとの残りの部分をむだなく利用する意味もあり、アラも煮物などに利用しました。年取り魚も家庭の経済状況によっていろいろで、すべての家庭でぶり雑煮が食べられたわけではありませんでした。ぶりで正月を祝えることは、家庭の喜びであり、誇りでもあったのです。

協力＝山田安子、袖山光代
著作委員＝中澤弥子

〈三重県〉

丸大根の雑煮

三重県は角もち・丸もち、醤油味・味噌味、そして具の種類や組み合わせで、非常に多様な雑煮がつくられています。ここで紹介するのは伊勢平野の中心である鈴鹿市、白子《しろこ》のすまし仕立ての雑煮です。大晦日に大鍋一杯《いっぱい》の輪切りの大根を煮ておき、ときどき火を入れて三が日はその大根と角もちだけの雑煮を食べます。菜っ葉は「名を切る」といって一切使わず、削りかつおをパラッとのせるだけ。手間いらずの簡素な雑煮です。

隣の亀山市から嫁いできた方のお話では、当時、実家の雑煮は大根を味噌で煮ていましたが、嫁ぎ先の鈴鹿の義母は干し椎茸のだしに醤油とあっさりした味つけでした。鈴鹿・亀山は味噌味と醤油味が混在する地域で、同じ丸大根の雑煮でも各家庭で味つけが違っていました。こちらの家庭では、今も大根だけの雑煮を食べ続けていますが、最近ではかつお節や干し椎茸でだしをとり、かまぼこ、鶏肉、小松菜などを入れた雑煮が多くなっています。

協力＝横田美喜子　著作委員＝水谷令子

撮影／長野陽一

＜材料＞

【煮大根】つくりやすい分量

大根…4〜5本
煮干し…ひとにぎり（20〜25g）
水…5カップ
うす口醤油…100〜150ml
　（塩分0.8％）

【雑煮】1人分

角もち…1切れ
煮大根…1切れ
すまし汁*…150ml
削りかつお…3g

*干し椎茸と昆布でとっただし汁に塩とうす口醤油を加えて0.8〜0.9％塩分にする。大根とは別鍋でつくる。一家族分、一度につくって使う。

＜つくり方＞

1. 大晦日に大根を煮る。煮干しの頭と腹をとり、皮などが大根につかないように布袋（だしパック用紙袋でもよい）に入れる。
2. 大根を3cm厚さの輪切りにして皮をむき、鍋に入れる。水、1のだし袋を入れ、大根がやわらかくなったらうす口醤油を加えて煮る。そのまま冷まし、元日から三が日につくる雑煮に使う。ときどき火入れをして温める。味と色がだんだん濃くなる。
3. 雑煮1人分をつくる。小鍋に煮大根とすまし汁を少し入れて火にかけ、熱くなったらもちを大根の上にのせて煮る。
4. もちがやわらかくなったら椀に盛りつけ、すまし汁を足してもちの上に削りかつおをのせる。

煮大根のできあがり

〈京都府〉

白味噌雑煮

米麹がたっぷり入った白味噌で仕立てた甘口の雑煮です。白味噌は熟成期間が短く、塩分量が少なく、日持ちのしない贅沢な食品でした。そのため、白味噌雑煮が食べられていたのは比較的裕福な家庭です。京都では、白味噌は雑煮の他にも和え物や魚の西京漬けなどの料理や、花びらもちなどの菓子にも使われてきました。

農村部では味噌は手づくりだったことが多く、正月料理やハレ食も基本的には家庭にあるものでつくられていました。雑煮も手づくりの味噌を使った味噌雑煮が一般的でした。だしの素が出回るようになる前は、里芋や大根を前夜から煮ておくことで根菜類の旨みを引き出す工夫がされていました。

正月の三日間は、早朝から冷たい井戸水を使って、家長の男性が雑煮の準備をしていました。できあがると家じゅうの神に供えて家族全員で祈ります。それから、今年一年も家族が健康で家庭が繁栄することを願って、皆で雑煮を祝い(いただき)ます。

協力＝今井清美、綴喜地方生活研究グループ連絡協議会　著作委員＝米田泰子

撮影／高木あつ子

<材料> 4人分

丸もち…4個
頭芋（里芋の親芋）…4個
小芋（里芋）…4個
大根…10cm（約300g）
金時にんじん…2〜4cm（50〜100g）
だし汁（昆布とかつお節）…5カップ
白味噌…150g
花かつお・・・・適量

<つくり方>

1 頭芋、小芋は皮をむく。丸ごとゆでるが、好みで面とりなどで形を整えてもよい。
2 大根は4枚に輪切りにする。にんじんは5mm厚さで4〜8枚に輪切りし、ゆでる。
3 もちはやわらかくなるまでゆでる。
4 だし汁に白味噌を溶かし入れ、頭芋、小芋、大根、にんじんを加え温める。
5 雑煮椀にもちと4を盛りつけ、花かつおをかける。

【味噌雑煮】

味噌以外の材料と分量は白味噌雑煮と同様。味噌の分量は味噌の種類によって異なり好みでよいが、白味噌の約1/2量が目安。味噌雑煮では花かつおはあまり用いない。

頭芋、小芋、大根を一緒に前夜にだし汁で煮ておく。こうすることで根菜類による旨みが出る。食べる前に味噌で調味し、焼いた丸もちを加えて温め、雑煮椀に盛りつける。にんじんは好みにより用いるが煮すぎないようにする。

〈京都府〉

雑煮（北部）

府北部の丹後地域では、小豆雑煮や味噌雑煮（海藻入り、かぶ入りなど）で正月を祝います。小豆雑煮を食べる家庭の方がやや多いようです。元日に食べるか2日に食べるかは家庭によります。

小豆はその赤色が邪気を払う厄除けとされ、祝いのときの赤飯や正月の小豆雑煮などで大切に食べられてきました。自家で収穫した小豆は、乾燥したあと、一升びんに入れて保存されました。

丹後の海沿いの地域では、味噌仕立ての雑煮に冬にうま味が増す地のりや、そぞと呼ばれる海藻が入ります。

北部の舞鶴市周辺の中丹地域の雑煮は、かぶ入りの味噌仕立てです。先祖が同じ一族を「株」と呼ぶ風習が一部の地域では現在でもみられ、音が同じ「蕪《かぶ》」の雑煮で新年を祝います。株内で集まって先祖を祀《まつ》り、読経したり会食することを「株講」といいます。

どの雑煮も汁の中でもちを煮るので、焦げつかないようにときどきかき混ぜてつくります。

協力＝島崎秀子、坪倉淳子、小石原静代、中瀬あや子　著作委員＝桐村ます美

小豆雑煮

＜つくり方＞ 4人分

1. 小豆1カップは熱湯5カップで2回ほどゆでこぼす。こうするとアクが抜け、早く色よく煮える。小豆に水6カップを加えて中火で煮て、やわらかくなったら砂糖150gと塩小さじ1を加える。
2. 丸もち（1個100g程度の大きめのもの）4個を加え、焦げないようにときどきかき混ぜながら中火で煮て、もちがやわらかくなったら器に盛る。

撮影／高木あつ子

海藻入り雑煮

＜つくり方＞ 4人分

1 煮干しのだし汁3カップを温め、味噌大さじ1と1/2を溶く。

2 大きめの丸もち4個を入れ中火で煮て、もちがやわらかくなったら器に盛り、海藻（地のり、そぞ）をのせる。豆腐やかまぼこを入れる場合もある。

味噌雑煮

＜つくり方＞ 4人分

1 かぶ中1/2個は皮をむいていちょう切りにする。かぶの葉約40gはさっとゆでて3〜4cmに切りそろえる。

2 昆布と煮干しのだし汁3カップを温め、かぶがやわらかくなるまで中火で煮る。

3 大きめの丸もち4個を加え、もちがやわらかくなったら合わせ味噌大さじ2弱を溶き入れる。器に盛り、かぶの葉を添える。

雑煮 〈大阪府〉

大阪の雑煮は白味噌で焼かない丸もち、子芋(里芋)、大根、焼き豆腐が定番です。

大阪の人は甘い白味噌が好物で、とくに雑煮用には普段使う白味噌より上等の〃雑煮味噌〃を注文したり手づくりしました。普段の白味噌の味噌汁よりだしをきかせた、こくのある雑煮で三が日毎朝祝いました。家庭によっては「うるうもち」も使いました。もち米とうるち米を1対1の割合でつき、のして切った角もちで、歯切れがよく高齢者には食べやすいもちです。

もちつきは年末28日か30日に行なわれ、29日は「苦のもち」になるので避けました。しかし聞き書きした中河内では29日にもちつきをして、「福のもち」と呼んでいました。大阪市内では、もちの賃つき屋さんが年末に家々を巡り、庭先でついてくれました。また、まんじゅう屋にもろぶたを預け、鏡もち、仏様や神様のお供え用の重ね丸もち、雑煮用丸もち、おかき用ののしもちなどを注文する家庭もありました。

協力＝古谷泰啓・惇子、米澤朋子・美栄子、森川雅惠、川勝晴美　著作委員＝阪上愛子

＜材料＞ 4人分

丸もち…4個
雑煮大根(囲み記事参照)または大根…160g
子芋(里芋)…3〜4個(160g)
焼き豆腐…120g
白味噌(雑煮味噌)…80g
だし汁(昆布とかつお節)…4カップ

＜つくり方＞

1 雑煮大根は約7㎜厚さの輪切りにする。太い大根なら短冊切りにする。子芋は皮をむき約7㎜厚さの輪切りにする。焼き豆腐は大きめの拍子木に切る。丸もちは湯につけておく。
2 鍋にだし汁を入れて大根を煮る。少しかたさが残るくらいに煮えたら、子芋を入れ、ふきこぼれに注意しながら煮る。
3 大根といもがほぼ煮えたら丸もちを加える。もちが好みのやわらかさになったら、白味噌を少量の煮汁で溶きのばしながら加える。
4 焼き豆腐も加え、煮立つ直前に火を止める。白味噌の塩分濃度は用いる味噌により違うので味をみながら加減する。

◎好みで梅型で抜いたゆでにんじんを飾ってもよい。

雑煮の具について

里芋は、おもに石川早生という丸型でやわらかく粘りがある子芋用品種が使われます。大阪府南河内郡石川村(現河南町)が原産とされ、「泉州さといも」として大阪府とJAグループが選定する「なにわ特産品」になっています。また、八つ頭(親芋)を食べれば世間のかしら(頭)になるとして、縁起物として雑煮やおせち料理に使う家庭もあります。

雑煮大根とは大阪四十日大根(おおさかしじゅうにちだいこん)という、大阪原産の極早生小型大根です。短期間で収穫できる直径4〜5㎝の大根で、輪切りのまま雑煮に入れることができます。

焼き豆腐は、三が日分を常滑焼の甕に入れ、水を張って保存しました。

大福茶(おふくちゃ・おおふくちゃ)

正月の膳ではまず、大福茶といって、正月用の湯飲み茶碗に結び昆布と小梅の梅干しを入れ、白湯(本来は若水を使ったか)を注いだものをいただきました。その後、お屠蘇、おせち料理、最後に雑煮をいただいてお祝いをしました。

祝箸について

正月用の祝箸は柳の両細箸です。箸袋には家長が家族の名前を書き、来客用には「上様」、とり箸用には「海山」と書きました。このお箸は三が日のあいだ、また家庭により四日の福沸かし(焼かない丸もちを入れた白味噌仕立ての粥)、七日の七草粥、15日の小正月の小豆粥まで使い、最後はしめ縄や門松とともに「とんど焼」で燃やしました。

撮影／高木あつ子

〈兵庫県〉

はまぐり雑煮

宍粟《しそう》市千種《ちくさ》町は中国山地の標高千メートル級の山々に囲まれた、89%が山地の豪雪地帯です。その山奥だからこそ、正月だからこそ食べる「はまぐり雑煮」です。お年寄りは、「はまぐり雑煮はおいしいでぇ。今度お雑煮にはまぐり入れてみぃ」と口々に話してくれます。今も年末には地域の商店にはまぐりがずらりと並び、普段は見られない光景です。するめを入れるのも特徴の一つです。

もちは29日にはつかず、28日か30日につきます。普段はとちもち、粟もちなどいろいろなもちをつきますが、年末につくのは白いもちだけです。31日には年越しいわし（塩いわし）を食べ、年越しそばは食べませんでした。

ある家では、元旦と3日は味噌仕立てでもちと豆腐やねぎが入った「普通の雑煮」、2日ははまぐり雑煮、4日はぜんざいを食べるといいます。もちは焼くことも煮ることもあるが、正月三が日は焼いてはだめで、4日のぜんざいには焼いて入れるそうです。

協力＝河野久美、山内千裕
著作委員＝坂本薫

撮影／高木あつ子

◎スルメでだしをとる場合もある。その場合は甘味のあるだしになるので砂糖は入れなくてもよい。

＜材料＞4人分

丸もち…8個
ハマグリ…8個
ちくわ…1本（90g）
スルメ…1/2枚（15g）
ごぼう…1/3本（50g）
にんじん…1/3本（50g）
油揚げ…1枚（20g）
長ねぎ…1本（5g）
だし
- 水…3カップ
- 煮干し…15g
- 昆布…2枚

醤油…大さじ2
砂糖…大さじ1
みりん…少々

＜つくり方＞

1 煮干しと昆布でだしをとる。
2 スルメは長さ3cm、幅5mm程度に切る。
3 ごぼうは皮をこそげとり、ささがきにする。
4 にんじんは長さ2cmのせん切りにする。
5 油揚げは熱湯をさっとかけ、長さ2cmのせん切りにする。
6 ちくわは幅5mmの輪切りにする。
7 ねぎは小口切りにする。
8 だし汁にねぎともち以外の具を入れて火にかけて煮る。ハマグリは口が開いて少し煮たら、皿にとり出しておく。
9 具が煮えたら醤油、砂糖、みりんで味を調える。
10 別鍋でもちをやわらかくゆでる。
11 椀にもち、ハマグリを入れ、9を注ぎ、ねぎを散らす。

<材料> 4人分

丸もち…4個
福もち(赤ぼろもち)*…4個
小芋(里芋)…8個
青身大根**…120g
真菜(まな)…120g
だし汁(昆布とかつお節の一番だし)***…4カップ
白味噌…110g

*うるち米を混ぜてついたもち。米粒が残っていてぼろぼろしている。粘りが弱いので高齢者でも食べやすい。
**雑煮用の細くて小さい大根。直径は太い部分でも4cm、長さは25cm程度。
***いりこだしを使う家庭もある。

<つくり方>

1 小芋は丸く皮をむく。青身大根は6〜7mmの厚さの輪切りにする。それぞれ下ゆでする。真菜も下ゆでして、3〜4cmの長さに切る。
2 だし汁に味噌を溶き入れ、下ゆでした小芋、青身大根、真菜を加えてしばらく煮る。
3 別にゆでた丸もちと福もちを入れてさっと煮る。
4 雑煮椀にもち、青身大根、真菜、小芋を入れて汁を注ぐ。おかわりをしながら赤、白のもち2種類を食べる。

撮影/高木あつ子

【福もち(2升分)のつくり方】

1 水2升(3.6ℓ)に小豆1合を入れ、重曹小さじ1を加えて蓋をして火にかける。沸騰したら、びっくり水を1カップ入れる。蓋をして再び沸騰させ、煮汁に渋が出て黒っぽい色になったら、柄のついたボウルなどで煮汁をすくってはザーッと鍋に戻し、煮汁を空気にふれさせる。煮汁が赤い色に変わるまで繰り返す。皮が切れない程度に、かためにゆで上げ、煮汁ごと冷ます。
2 もち米1升4合とうるち米6合を合わせて洗って水をきり、1の煮汁に小豆とともに一晩つける。
3 米と小豆をせいろで蒸す。
4 蒸し上がったらもちつき機に移し、塩大さじ1強を加えてつき上げる。
5 もちとり粉をつけて小もちに丸める。

雑煮
〈和歌山県〉

紀州藩の城下町として栄えてきた和歌山市と、その南側の海南市から紀美野《きみの》町にかけて食べられている雑煮です。白味噌仕立てに、丸い小もちと小豆をつきこんだ赤い福もちを焼かずに入れ、小芋(里芋)、青身大根、真菜《まな》を入れます。年末になると雑煮用の青身大根と真菜が店頭にたくさん並ぶのは、今もこの地域ならではの風景です。

材料は「角が立たないように」ともちも小芋も大根も、みな丸くします。食べるときは「名(菜)をあげる」といって真菜を箸でつまみ上げてからいただき、汁を飲み終えたときにお椀に真菜が貼りついていると「名(菜)を残す」と縁起をかつぎました。秋、収穫した新米で仕込んだ米味噌を正月に初めて雑煮用の白味噌として使う家庭や、雑煮は豆がらで火をおこして男性が炊いたという家もありました。

県内では白味噌仕立てに丸もちを焼かずに入れる地域が多いですが、紀南の新宮方面に向かうにつれ、すまし仕立てに焼きもちの雑煮が増えていきます。

協力=土橋ひさ、千賀祥一、寺中佐知子
著作委員=千賀靖子

雑煮

〈奈良県〉

奈良市や天理市の雑煮は焼き丸もちの白味噌仕立てです。もちは雑煮から出し、きな粉をつけて食べます。丸く切った大根や里芋などの具には和（輪）を大事に、丸く収まるようにとの思いが込められ、きな粉は黄金色が豊作を意味しています。豆腐は白壁の蔵が立つようにと蔵に見立てて切ります。

大和郡山市は白味噌仕立てだけでなく、すまし仕立ての雑煮もあります。すまし仕立ては城下町に多く、とくに元藩士の家はその傾向があります。これは、もしかすると江戸の生まれ育ちの藩主が多いため、江戸の食文化が国元に持ちこまれて藩士に広がったからではないかという話です。

山添村《やまぞえ》の雑煮の主役は頭芋《かしらいも》。頭をとれるようにと思いが込められています。椀からはみ出すような頭芋、こんにゃくや豆腐も大きく切られ、具が目立ちます。大晦日に下ごしらえをし、24時になったら春日大社の火を持ち帰り、七輪に火を灯して雑煮を仕上げ、お屠蘇とともに食べます。

協力＝杉田節子、蔵田芳樹、奥田一彦、中山容子　著作委員＝島村知歩、喜多野宣子

雑煮（奈良市・天理市）

<つくり方> 4人分

1 雑煮大根（祝だいこん）*60gと金時にんじん50gは厚さ5㎜の輪切りに、里芋80gは丸くなるよう皮をむき、それぞれゆでる。豆腐150gは2㎝角に切る。

2 かつお節と昆布のだし汁3カップに大根、にんじん、里芋、豆腐を入れて煮立て、白味噌40g、米味噌20gを溶きひと煮立ちさせる。

3 椀に汁を少量入れ、焼いた丸もちを入れたあとに具と汁を盛る。

4 きな粉に砂糖を混ぜ、小皿に盛り、雑煮とともに供する。

*祝だいこんは奈良の大和伝統野菜にも指定されている。そのまま輪切りにして椀にも無理なく入れられるくらいの大きさで、正月の頃に出回る。

◎雑煮用の白味噌は麹の割合の多いものを仕込んでいた。

◎きな粉は正月用に特別なものを買う家、栽培した青大豆のきな粉を使う家がある。

撮影／五十嵐公

雑煮（大和郡山市）

<つくり方> 4人分

1 水菜60gはゆでて4〜5cm長さに切り、直径1〜2cmの束にする。
2 大根50g、にんじん50gは5mmの輪切りにしてゆでる。にんじんは甘露煮にすることもある。
3 鶏肉80gはひと口大に切る。ゆずの皮はへぎゆずにする。
4 かつお節と昆布のだし汁3カップに、うす口醤油大さじ1、酒大さじ1、塩少々で味つけし、鶏肉を加えて煮る。さらに紅白かまぼこ各4枚、大根、にんじんも加えて温める。
5 椀に**4**と焼いた丸もち、束にした水菜を盛り、へぎゆずを添える。

頭芋《かしらいも》の雑煮（山添村）

<つくり方> 4人分

1 大根160gとにんじん100gは厚さ5mmの輪切り、豆腐1/2丁と手づくりこんにゃく1/2枚は1cm厚さの四角に切る。頭芋*4個は皮をむき、やわらかくなるまでゆでる。
2 かつお節と昆布のだし汁4カップで大根、にんじん、豆腐、こんにゃくを煮て、頭芋も加える。野菜がやわらかくなったら味噌80gを溶きひと煮立ちさせる。
3 椀に**2**と焼いた丸もちを盛りつける。きな粉に砂糖を混ぜて小皿に盛り、雑煮とともに供する。

*里芋の親芋のこと。使う里芋の品種は八つ頭、唐芋(とうのいも)など、家庭によってさまざま。

雑煮

〈島根県〉

県内の雑煮は「平もち（丸もち）で焼かない」という共通点はありますが、味つけや具が異なります。

東部と隠岐《おき》地域ではかつお昆布だしのすまし汁に、花かつおと雑煮用のもちのりをのせたのり雑煮。のりは、十六島《うっぷるい》のりという出雲市平田地区十六島地方でとれる、朝廷や将軍家へも献上されてきた天然岩のりが有名ですが、大変高級なため、多くの家庭では岩のりを加工したもちのりを用います。平田、松江地区の一部には甘さ控えめでさらっとした小豆雑煮も見られ、元日と2日はのり、3日に小豆、逆に元日は小豆、2日と3日はのりと両方の雑煮を食べたりもします。

縁起のよい黒豆をのせるのは西部で、山間部には干し鮎のだしに豆腐やこんにゃく、かぶなどの野菜を入れるすまし雑煮もあります。

年末についたもちは、プラスチックコンテナに小鉢に入れた練り辛子をおき、その上にすのこを敷いて、並べます。蓋はせず、かたくしぼった布巾をかけておくとカビにくいそうです。

協力＝宮本美保子、高麗優子、石飛なす子
著作委員＝石田千津恵、藤江未沙

のり雑煮

<つくり方> 4人分

1. だし汁（昆布とかつお節）3カップを塩小さじ1/2弱とうす口醤油小さじ2で調味する。
2. 丸もち8個を別鍋でやわらかくゆでる。
3. 椀にもち2個を入れ、温めただし汁を注ぐ。もちのり*と花かつおをのせる。大人向けは、もちのりを酒で戻してもよい。

*岩のりを水で洗って塩分を抜き、切って乾燥させたもの。

◎いりこだしでつくる家庭もある。

雑煮に入れる丸もち。島根では平もちと呼ぶ。米1升で40個ほどできる

黒豆雑煮

<つくり方> 4人分

1. だし汁（昆布とかつお節）3カップを塩小さじ1/2弱とうす口醤油小さじ2で調味する。
2. 丸もち8個を別鍋でやわらかくゆでる。
3. 椀にもち2個を入れ、温めただし汁を注ぐ。黒豆煮3粒と花かつおをのせる。

小豆雑煮

<つくり方> 4人分

1. 小豆300gにぬるま湯（約30℃）をかぶるくらい加え火にかける。沸騰直前に湯を捨て、再度ぬるま湯を加え火にかける。この渋抜き作業を2回行なう。
2. 1の小豆にぬるま湯900mℓを加えて火にかけ、沸騰したら火を弱めて1時間ゆでる。途中、ゆで汁から小豆が出ないよう水を足す。ペーパータオルをのせると小豆が踊らず胴割れを防げる。
3. 小豆が十分にやわらかくなったら砂糖100gの2/3量と塩小さじ1を加える。砂糖が溶けたら残りの砂糖を加え、30分から1時間、煮汁がひたひたの状態になるまで煮る。
4. 丸もち8個を別鍋でやわらかくゆで、3に入れ、さっと煮る。
5. 椀にもちと小豆を汁ごと入れる。好みでさらに砂糖をかけて食べる。

◎小豆が胴割れしないように丁寧に炊く。

上からのり雑煮、黒豆雑煮、小豆雑煮

撮影／高木あつ子

〈鳥取県〉

小豆雑煮

鳥取県ではほぼ全域で、また島根県や岡山県の一部でも、いわゆる小豆ぜんざいが雑煮として食べられています。元日には新年を祝って小豆雑煮を神棚に供え、食事としても食べる風習があります。

小豆は県民にとって身近な食材で、赤飯、小豆ご飯、おはぎ、ぼたもち、あんころもちなど、主食として小豆を使った料理が多く、小豆雑煮もそのうちのひとつです。ただし、県内でも八頭郡などの山間部や境港市などの沿岸部では、雑煮はすまし仕立ての場合もあるようです。境港市では小豆雑煮は、正月の行事食というより、日常食として食べられています。

正月三が日は小豆雑煮を食べる大山山麓のような地域や、小豆雑煮は元日のみでそれ以降は別の雑煮を食べる地域もあります。三朝《みささ》町などの山間部では、栃もちの小豆雑煮もつくられています。昔は正月のもちはたくさんつくっておき、かめに水ともちを入れて水もちにして保存し、春先のひな祭りの頃まで食べました。

協力＝松原春子、広橋孝子
著作委員＝松島文子、板倉一枝

撮影／五十嵐公

＜材料＞ 4人分

丸もち…8個
小豆…250g
砂糖…150g（好みで調整）
塩…小さじ1/2
◎大きいもちの場合は1人1個。

＜つくり方＞

1 小豆を洗い、鍋に小豆と水（分量外、豆の上5〜6cm）を入れ、強火で煮立たせる。水が茶色くなったら小豆をザルに上げ、ゆで汁を捨てて鍋に戻す。
2 小豆に1ℓ（分量外）の水を入れ、小豆がやわらかくなるまで中火で煮る。ときどきアクをとり、豆の上に常に水がある状態を保つよう、水を足す。
3 小豆がやわらかくなったら砂糖と塩を入れ、味を調え、火を止める。
4 もちは別の鍋で中心部がやわらかくなるまで弱火でゆでる。
5 器にゆでたもちを入れ、3の熱い小豆汁をかける。

◎もちがやわらかい場合は、3の小豆汁にもちを入れ、中心部が熱くなるまで加熱する。

栃もちの雑煮。栃もちは山間部でつくられることが多いが、近年は年末近くにアク抜きした栃の実がスーパーでも売られるため、山間部以外でもつくることがある

〈岡山県〉ぶり雑煮

県北の雑煮はするめを入れるのが特徴です。だしも出るし、少し歯ごたえのあるするめとやわらかく煮えたもちの食感が楽しめます。もちは注意しないと「花が咲いたように」やわらかくなりすぎるので、火を通すときにはみんなが集まってから湯を沸かし、もちを入れたら弱火または火を止めて、加減をみながらよそうのが恒例です。

島根からの出雲街道や鳥取からの因幡《いなば》街道、大山《だいせん》往来《おうらい》、伯耆《ほうき》往来《おうらい》などの道を通して、山陰の食べものが流通しました。山地の県北では、年取り魚として食べるぶりは貴重な食べもので、この地域では江戸時代から続くという歳の市「北《ほく》房《ぼう》ぶり市」も開かれています。昭和に入ると行商の車が氷をいっぱい積んで生のぶりも運ばれるようになり、刺身、塩焼き、照り焼きなどで食べました。いつのことからか雑煮にも入れるようになり、するめとぶりの旨みで食べる雑煮が伝わっています。

協力＝小椋隆子　著作委員＝藤井わか子

撮影／長野陽一

＜材料＞ 10人分

丸もち…20個
ブリ…10切れ（1切れ約20g）
ほうれん草…200g
かまぼこ…1本
だし汁（かつお節）…1.5ℓ
うす口醤油…大さじ2
濃口醤油…大さじ2
スルメ…1枚
ゆずの皮…10片

＜つくり方＞

1 ブリは湯引きにする。
2 ほうれん草はゆでて3cm長さに切る。
3 かまぼこは板から外し、熱湯をかけて、5〜8mm幅に切っておく。
4 鍋にだし汁を入れて醤油で調味し、1cm幅に切ったスルメを入れ、火が通るまで5〜8分煮る。
5 もちは別鍋で沸騰した湯に弱火にしてから入れ、やわらかさの加減をみながら椀に2個ずつとる。
6 5の椀に、ブリ、ほうれん草、かまぼこ2枚を添えて、4の汁をスルメとともに注ぐ。
7 最後にゆずを添える。

〈広島県〉

ぶりと大根の雑煮

広島県の雑煮には塩ぶりが入ります。広島ではぶりは大ごちそうで、年末に塩ぶりを1尾購入し、無駄なく食べ切りました。ぶりは島根県から入ります。山陽から山陰に抜ける交通の要である可部町と、県北にかけては、昔は塩ぶりを家々の軒につるし、大きさを近所と競ったそうです。

元日という一年の中で最もハレの日に食べるものなので、大根、にんじん、小芋（里芋）はすべて輪切りにします。丸い形には角がなく、丸は初日の出を表します。食材はすべて下処理を済ませ、主婦が正月早々手をかけなくてよいようにと控えの重箱に入れました。もちは、家が火事にならないようにと焼かずに別鍋で湯煮します。汁の中で煮てどろどろにして食べる家庭もありました。

広島湾沿岸部では塩ぶりを入れずに、瀬戸内海でとれた穴子と牡蠣を入れます。県北西部、中国山地にある北広島町では、口を開ける（年が明ける）と縁起がよく、日持ちのいいはまぐりで雑煮をつくります。

協力＝福永英子
著作委員＝前田ひろみ、政田圭子

＜材料＞ 4人分

丸もち…4個
塩ブリ（塩分3%）…200g
大根…5cm（200g）
金時にんじん…1/2本（80g）
小芋（里芋）…3個（150g）
水菜…1株（40g）
かまぼこ…8切れ（3mm厚さ）
ゆずの皮…少々
だし汁（昆布とかつお節）…5カップ
塩…小さじ1弱（5g）
醤油…小さじ2
◎大根、にんじん、小芋はこぶりのものがよい。

＜つくり方＞

1 塩ブリは2cm角に切り、湯通しする。
2 大根は2mm厚さの輪切り、にんじんも同じ厚さの輪切りか梅形、小芋は皮をむき5mm厚さの輪切り。大根とにんじんは一緒に、小芋は別にやわらかく下ゆでする。
3 水菜はさっとゆで4cm長さに切る。
4 だし汁にブリを入れて煮て味を出し、塩、醤油で味を調え、**2**を入れて温める。
5 別に湯煮したもちを雑煮椀に入れ、**4**の具を入れ、汁をはる。
6 かまぼこ、水菜をのせ、松葉に切ったゆずを添える。

撮影／高木あつ子

左／牡蠣と焼き穴子、大根とにんじん、せりを入れた広島湾沿岸地域の雑煮
右／芸北・北広島町のはまぐり雑煮。すまし仕立てで、もちは丸もちを湯煮して入れる。他に短冊切りの大根とにんじん、かまぼこ、三つ葉やせりが入る

〈山口県〉

かぶ入り雑煮

　山口県の雑煮は醤油仕立てで、丸もちを焼かずに入れるという点は共通ですが、だしを何でとるか(昆布や煮干し、かつお節など)、もち以外に何を入れるか(かぶ、大根、油揚げ、白菜、ねぎ、焼き豆腐など)は地域や家庭により異なります。三方を海に囲まれ豊富な魚介類に恵まれていますが、雑煮の具材にすることは少なく、野菜類の方が多い傾向がみられます。中でも、かぶは県全域で入れられているようです。

　この雑煮は、日本海側の長門市や萩市で食べられてきたものです。昔から、かぶは必ず雑煮に入れていて、食材が豊かになった現在でもそれは変わりません。あっさりした味ですが、ごちそうがそろうおせち料理の中では飽きのこないものです。かぶは大根より早く煮えるのも助かります。だしは煮干しです。このあたりはいわしの加工業がさかんで、今でも煮干しやちりめんじゃこを製造しており、どんな料理でもだしには必ず煮干しを使いました。

協力＝小林小夜子　著作委員＝池田博子

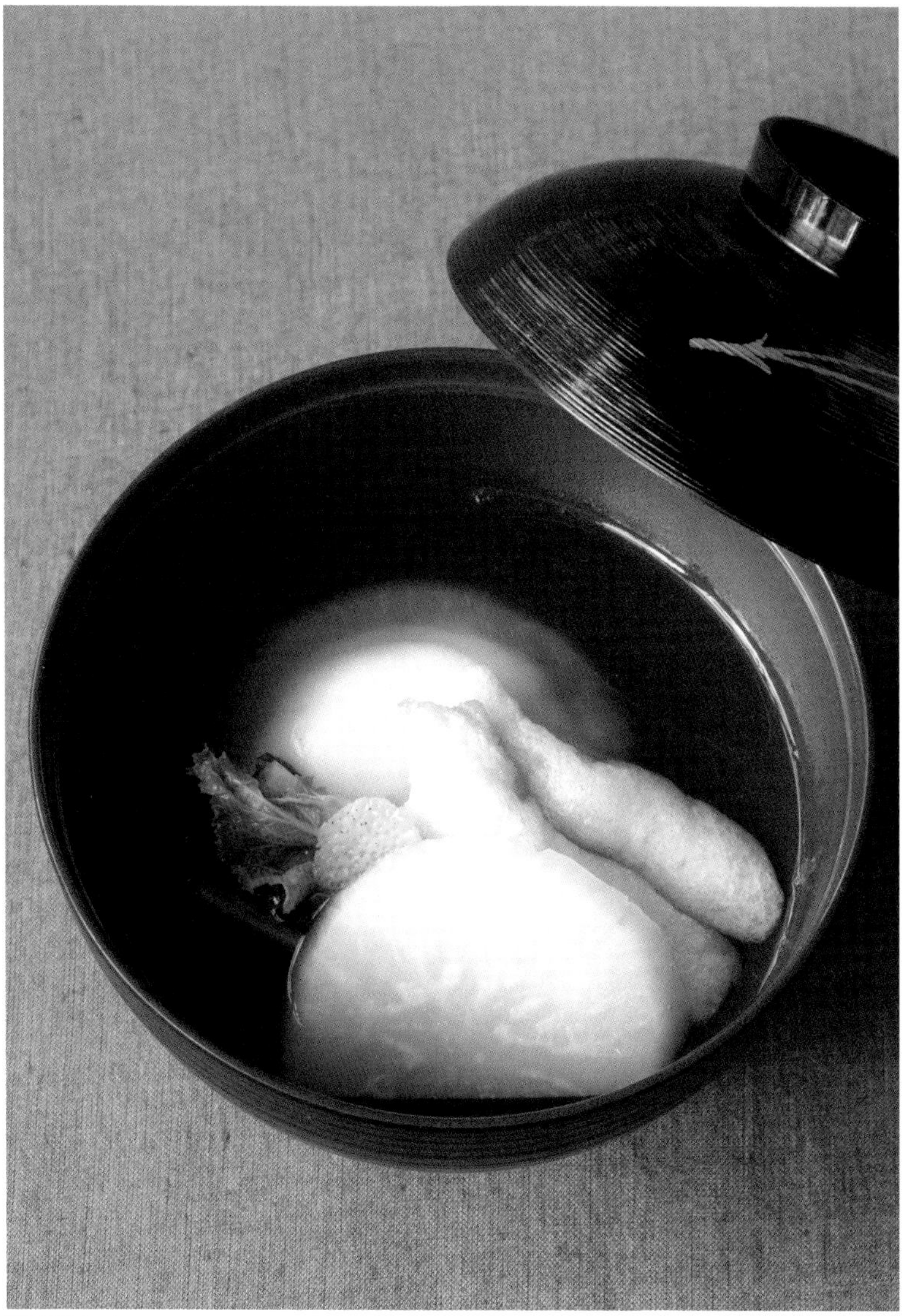

撮影／高木あつ子

<材料> 4人分

丸もち…4個 (240g)
小かぶ…4個 (150g)
かぶの葉…適量
油揚げ…1枚 (20g)
だし汁
┌水…4カップ
└煮干し…20g
塩…小さじ1
うす口醤油…大さじ1と1/3
みりん…大さじ1と1/3
ゆず…少量

<つくり方>

1 かぶは皮を厚めにむいて8mmくらいの輪切り(大きい場合は半月切り)にし、葉はゆでて水にとり食べやすい大きさに切る。
2 油揚げは8等分し油抜きをする。
3 煮干しでだしをとり、調味料、かぶ、油揚げを入れて、かぶがやわらかくなるまで煮る。
4 別鍋でもちをやわらかくなるまでゆでる。
5 椀にかぶを1枚敷き、その上にゆでたもち、油揚げ、かぶの葉を入れて汁を注ぎ、へぎゆずをのせる。

雑煮〈徳島県〉

県内の一般的な雑煮はいりこだしに白味噌仕立てで、丸もちに大根、小芋（里芋）、にんじん、真菜を入れます。醤油仕立てや角もちの地域や家庭もあり、1日目は丸もちで白味噌、2日目は角もちを焼いてすまし汁で食べたりもします。

もちに黒砂糖をかけるのはやや内陸部の勝浦郡で、海寄りの勝浦町は白味噌仕立て、山寄りの上勝町は醤油仕立てで豆腐が入ります。豆腐は同じ山続きの祖谷《いや》の影響があるとされています。

四国山地の急斜面にある東祖谷落合集落は、平家落人伝説由来のもちなし雑煮で、豆腐がもちの代わりです。真芋《まいも》（里芋、八つ頭）の上に豆腐を2枚、十字に重ねるので、打ち違え雑煮とも呼ばれます。豆腐は普段はあまり食べないごちそうで、年末になると豆腐屋に大豆を持っていき、岩豆腐と呼ばれるかたくて大きい豆腐をたくさんつくってもらいました。正月は15日頃まで新年の挨拶に親戚を回る習わしがあり、どこでも雑煮と煮しめがふるまわれました。

協力＝新居和、北山明子、新居美佐子、津山節子　著作委員＝坂井真奈美、松下純子

雑煮（県下全域）

<つくり方> 4人分

1 小芋（里芋）中4個は皮をむき、2cm角に切りゆでる。大根120gは短冊切り、金時にんじん40gは花形か輪切り。真菜（なければ小松菜）80gは3cm長さに切りゆでる。
2 だし汁（いりこ）3カップで大根、にんじんをやわらかくなるまで煮て小芋を加え、白味噌60gを溶き入れる。
3 ゆでた丸もちを椀に入れ、汁を具ごと注ぎ、真菜とゆずの皮を飾る。

撮影／長野陽一

雑煮（上勝町）

<つくり方> 4人分

1 豆腐1丁（280g）は椀に入る大きさに4つに切り、小芋中2個は皮をむき2cm角に切りゆでる。椎茸2枚は4等分、大根40gはいちょう切り、金時にんじん40gは花形か輪切り。小松菜70gは3cm長さに切りゆでる。
2 だし汁（いりこ）3カップで大根、にんじんをやわらかくなるまで煮て豆腐、小芋、椎茸を加え、うす口醤油小さじ1、塩小さじ1/2で味を調える。
3 椀に豆腐を敷き、ゆでた丸もちをのせ、汁を具ごと入れ、小松菜を飾る。
4 食べる直前にひと椀に黒砂糖大さじ1程度をふりかける。

雑煮（東祖谷）

<つくり方> 4人分

1 だし汁（いりこ、干し椎茸、昆布）750mℓに醤油1/4カップ、みりん大さじ2を加え、煮こみ汁*をつくる。
2 岩豆腐**600gを1人分が5×10cmの長方形2枚となるように切り、煮こみ汁300mℓで煮る。
3 真芋（八つ頭、里芋）は皮をむき1人あて40g×3個を下ゆでし、煮こみ汁250mℓに少し砂糖を加えて煮る。
4 椀に煮た真芋を3個入れ、その上に岩豆腐を2枚、十字に重ねてのせ、温めた煮こみ汁を1/4カップかける。ゆずりはを添えて供する（p117参照）。

*正月のように大量に煮物などをつくるときは、煮こみ汁をたくさんつくり、煮る材料によって砂糖や醤油で味を調整して使う。

**1丁の重さが800～900g、大きさ10×8×8cmのかたい豆腐。

〈香川県〉

あんもち雑煮

白味噌仕立ての汁に丸いあんもち、小ぶりの大根と、初日の出をイメージして紅の金時にんじんの輪切りが入った全国的に珍しい雑煮です。正月にはおせち料理とともに一年の平安無事を祈り、家族で食べます。もちは神様に供える神聖な食物で、年神様に雑煮を供え、「お下がり」をいただくという日本独特の食文化が秘められています。

江戸時代、塩、砂糖、綿を讃岐三白として高松藩は砂糖の生産を推奨しましたが、砂糖は高級品のため庶民には手が届かないため、せめて正月のハレの食に特別に白下《しろした》糖《とう》(白砂糖に精製する下地段階の砂糖)をと、雑煮のあんに使用したのが始まりとされています。戦後、昭和30年頃までは甘いものは少なかったため、甘いあんもち雑煮は貴重でした。昭和初期は、あんもち雑煮は讃岐平野部一円で食べられており、地域によってはすまし汁の丸もちだったり、あんもち雑煮でも塩あんだったりしたそうで、今も雑煮にあんもちを入れない家庭もあります。

著作委員＝川染節江、村川みなみ、渡辺ひろ美

撮影／高木あつ子

＜材料＞5人分

あんもち*…5個
だし汁(煮干し)…5カップ
細めの大根**…150g(2/3本)
金時にんじん…50g(1/2本)
白ねぎ…60g(1/2本)
豆腐…1/2丁
白味噌…100g
青のり…3g

*小豆のこしあん、または粒あんの入った丸もち。年末には販売もされているが、手づくりする家庭もある。

**大根はできるだけ細いものを用意する。時季になると細い正月用の雑煮大根が販売される。

＜つくり方＞

1 大根は直径3cm程度で2mmの輪切り、直径5cm以上のものなら2mmの半月切りにする。
2 金時にんじんも2mmの輪切り、白ねぎは3cm程度の斜め切り、豆腐は長さ3cm厚さ1cmの拍子木切りにする。
3 鍋にだし汁を入れ、大根、にんじんを入れてやわらかくなるまで煮て、豆腐を入れてさらに煮る。
4 別の鍋に湯を沸かし、あんもちを入れて、もちがやわらかくなるまで煮る。
5 3に白ねぎを入れてひと煮立ちさせ、白味噌を煮汁で溶いて入れる。
6 雑煮椀に大根をおき、その上にあんもちをのせ、にんじん、大根、豆腐を彩りよく盛り、煮汁を入れる。
7 最後に青のりを横一文字にのせる。

撮影／長野陽一

<材料> 4人分

角もち*…8個
里芋…2個
潮江菜…1株
ゆずの皮…少々
だし汁（昆布とかつお節の一番だし）
…3カップ
醤油…小さじ2
塩…小さじ1/2

*のしもちを、椀に盛りやすい大きさに家庭で切ったもの。

潮江菜。むかしはウシオエカブとも呼ばれた

<つくり方>

1 里芋と潮江菜の下準備を事前にしておく。里芋は皮ごとやわらかくゆで、皮をむく。潮江菜は水洗いして熱湯でさっとゆで、3〜4cmの長さに切る。
2 だし汁に醤油と塩を加え、好みの味に調える。
3 湯を沸かし、もちを入れてごく弱火で4〜5分煮てやわらかくする。
4 里芋を7〜8mmの厚さの輪切りにして、椀にもちと里芋を盛りつける。
5 2を温め、潮江菜を浸して温め、潮江菜と汁を椀に盛る。へぎゆずを添える。

〈高知県〉

潮《うしお》江《え》菜《な》入りの雑煮

土佐の雑煮は「角もちすまし汁」が基本で、場所によってだし材料と上にのせるものが違います。高知市内でも高知城下に近い中心部では、昆布とかつお節でだしをとり、里芋と潮江菜を入れるのが定番でした。ほっくりと煮えた里芋としゃきしゃきの潮江菜、煮もちにしたやわらかいもちが醤油味の汁とからまって、なんともおいしいものです。肉や魚などたんぱく質系の食材が入らなくても食べ応えがあります。四国では珍しく角もちなのは、土佐藩藩主・山《やま》内一豊《うちかつとよ》の郷里、尾張の雑煮に由来します。

潮江菜は高知市潮江地区でよくつくられていた青菜で、かつては冬がくると市内の八百屋に山と積まれ、漬物屋には必ず古漬けが売られていました。昭和21年の昭和南海地震で地区が海水をかぶり塩害で絶滅しましたが、牧野富太郎博士から教えを受け在来野菜の調査と保存活動をしていた竹田功氏が残していた「ウシオエカブ」の種が見つかり、地元の農家の尽力で平成20年代に復活しました。

協力＝松崎淳子　著作委員＝福留奈美

〈福岡県〉

博多雑煮

博多は、もともとは商人の町です。江戸時代、黒田氏が現在の福岡市中央区に福岡城を築いた折に、城下町がある那珂川《なかがわ》の西側を「福岡」、東側を「博多」と呼び、福岡は武士の住む町、博多は商人の住む町とする大まかな住み分けが行なわれました。

この博多で生まれたのが博多雑煮です。だしを焼きあご（とびうお）でとり、出世魚の塩ぶりに、高菜の一種であるかつお菜を添え、もちは小もち（丸もち）の煮もち。他にも里芋、にんじん、椎茸と具だくさんで、昔の商家では大人数のためこれらの材料を1人前ずつ串に刺して前の晩に用意をしていました。今も材料を串に刺しておくのはその名残りです。魚は、昔は高級魚のあらや鯛が使われました。

箸は博多独特の、栗の枝でつくった正月用の栗はい箸です。栗の枝はあっちを向いたりこっちを向いたりしており、その枝でつくった栗はい箸をうまく使いこなすと「やりくりがうまくなる」と縁起をかつぎます。

著作委員＝川島年生

＜材料＞5人分

小もち（丸もち）…5個
ブリ…5切れ（1切れ20g）
干し椎茸…小5枚
里芋…5個（1個30g）
にんじん…4〜5cm
板つきかまぼこ…1/2本
かつお菜*…100g
薄切り大根（敷き大根）…5枚
ゆずの皮（吸い口）…少々
だし汁…1000mℓ
　水…1200mℓ
　焼きアゴ…2尾
　かつお節…10g
　昆布…5cm
酒…大さじ1
塩…小さじ1
醤油…大さじ1/2

*風味がよく博多の雑煮に欠かせない。煮物や漬物でも食べられている。

だし用の焼きアゴ

＜つくり方＞

1 分量の水に昆布とほぐした焼きアゴを入れ一晩おく。鍋を火にかけ沸騰前に昆布をとり出し、中火で5〜6分煮だし、かつお節を加えて1分ほど煮て火を止める。静かにこし、雑煮用のだし汁とする。
2 ブリは強め（約10%）に塩をして2〜3日おく。使う前に水洗いをし、熱湯をくぐらせて水にとり冷ます。
3 干し椎茸は一晩水で戻しひとゆでする。里芋は皮をむいてやわらかくでゆでる。にんじんは皮をむいて厚めの輪切りか花むきにしてやわらかくゆでる。かつお菜は青くゆでて3cm長さに切る。
4 かまぼこも厚めに切る。
5 かつお菜を除く材料を竹串に1人前ずつ刺して用意する（写真①）。大根の薄切りはゆで、ゆずの皮は松葉に切る。
6 もちを水洗いして表面のもちとり粉を落とし、1の昆布を敷いた別の鍋に入れ、お湯で煮てやわらかく戻す（写真②）。
7 1のだし汁を酒、塩、醤油で調味し、5の串を入れて弱火でブリに火が通るまで煮る。ブリから塩気が出るので塩味は調整する。かつお菜も浸す。
8 器に5の大根を敷いてもちをのせ、串に刺した1人前の材料を形よく盛り、かつお菜も入れ、熱い汁を注ぐ。吸い口のゆずを添える。

撮影／長野陽一

〈佐賀県〉

有田雑煮

県西部の焼き物の里、有田の雑煮です。くじらを使うのが特徴で、昆布だしにくじらのうま味と脂のコクが加わり、深い濃厚な味わいになります。ごぼうがくじらのくどさを抑え、バランスのよい風味になっています。漆の器の底に白菜を敷くと、もちがはりつきません。また、お年寄りはもちがのどに詰まらないように、白菜で巻いて食べました。だしにはあご（とびうお）を使う家もあるようです。

窯元の家では、経営が苦しいときでも正月を祝い、客人をもてなすために鏡もちを削りとって雑煮に加えることがありました。正面からは見えない、もちの後ろ3分の1程度を切りますが、大きな鏡もちなので2人がかりです。それをさらに小さく切って雑煮に使いました。鏡もちは三方に敷き紙を敷き、1段目のもち、だし昆布、うらじろ、ハラン、するめ、2段目のもちの順に置き、上にだいだいと干し柿を飾ります。もちの切った部分は後ろに向けて、表からは見えないように飾りました。

協力＝松本郁子、西山美穂子、松尾浩子
著作委員＝副島順子、橋本由美子、萱島知子

撮影／戸倉江里

＜材料＞5人分

もち…10切れ
昆布（もちの下ゆで用）…適量
白菜…100g
昆布だし*…1ℓ
ごぼう…4/5本（120g）
皮クジラ（生、スライス）…50g
うす口醤油…小さじ1と1/2
塩…小さじ1/3

*水1ℓ強に昆布20gを使用。

＜つくり方＞

1 鏡もちの後ろ部分を切り落とし、ひと口大の10切れに切り分ける。
2 鍋に昆布を敷き、もちがひたるくらいの水（分量外）でもちがやわらかくなるまで煮る。
3 白菜を下ゆでし、約3cm長さに切る。
4 ごぼうを長めで細いささがきにし、水にさらす。
5 皮クジラは湯通しして余分な塩けと脂けを除く。
6 鍋に昆布だしを入れ、ごぼうを入れ火が通るまで加熱したあと、5のクジラを加え、中火でひと煮立ちさせる。醤油と塩を加え調味する。
7 さらにもち、白菜を入れひと煮立ちさせる。
8 器の底に白菜を一部敷き、その上にもちをおく。残りの汁と具を器に注ぐ。

＜材料＞ 4人分

丸もち…4個
鶏肉…120g
里芋…120g（3個）
ごぼう…40g（1/4本）
にんじん…40g（1/3本）
白菜…120g（1枚）
凍り豆腐…1/2枚
小松菜…40g（1株）
干し椎茸…4枚
大根…60g（3cm）
かまぼこ…40g
刻み昆布…6g
だし汁*…4カップ
うす口醤油…大さじ2

*昆布15g、花かつお7gでだしをとる。

＜つくり方＞

1 干し椎茸は水で戻したあと、そぎ切りにする。
2 鶏肉はひと口大に、ごぼうはささがきにする。にんじん、大根はいちょう切り、白菜は3cm幅に切る。小松菜はざく切りにしてゆでる。
3 里芋は皮をむいてひと口大に切り、酢水（分量外）につける。
4 凍り豆腐、刻み昆布は水で戻す。
5 凍り豆腐、かまぼこは薄切り、刻み昆布は食べやすい長さに切る。
6 深めの鍋にだし汁を入れ、鶏肉、里芋、ごぼう、にんじん、大根、椎茸を入れて煮る。
7 やわらかくなったら、醤油で調味し、白菜、凍り豆腐を加えしばらく煮る。
8 別鍋でもちをゆで、ある程度やわらかくしておく。

撮影／長野陽一

9 もちを入れてやわらかくなったら器に盛り、かまぼこ、刻み昆布、小松菜を彩りよくのせる。

◎ゆずの皮を細切りにしてのせると香りがよい。

〈長崎県〉

具《ぐ》雑《ぞう》煮《に》

正月料理である雑煮を正月以外に食べる地域は少ないと思われますが、島原地方では比較的通年、この具雑煮が食べられています。島原半島には雲仙岳が、島原市には眉山《まゆやま》がそびえ、有明海に面した地域なので山海の幸が豊富で、具雑煮はその幸をふんだんに炊きこんでつくられています。寛永14年（1637年）の島原の乱で、天草四郎が籠城した際、山や海からいろいろな材料を集めて雑煮を炊き、栄養をとりながら約3カ月も戦ったというのが、具雑煮の始まりといわれています。

彩りに加える小松菜は、春菊やほうれん草になることもあり、かまぼこの代わりにちくわが使われたりと、具材は家庭によってさまざまですが、その材料の違いも含めておふくろの味となっています。

具雑煮は島原の郷土料理として観光客にも人気で、島原市内の飲食店でも提供されています。店では卵焼きや焼き穴子をのせることもあります。

協力＝林田けいこ、中島禮子、酒井亮子
著作委員＝久木野睦子、冨永美穂子、石見百江

雑煮〈熊本県〉

熊本の雑煮に共通しているのは、醤油仕立てで丸もちが使われることです。具は大根、にんじん、里芋、椎茸、ごぼう、京菜、昆布、するめなどがよく使われ、縁起のよいように丸く切ります。これにちくわ、かまぼこ、焼き豆腐などが加わります。30㎝もの長さになり、長寿を願う縁起物とされる伝統野菜の水前寺もやしを入れることもあります。大部分は白もちですが、一部の地域では小豆の粒あん入りのあんもちを使います。

聞き書きした熊本近郊の家庭では、具を丸く切るのは「物事が丸く進むように」という意味だと伝わっています。以前は家の畑でとれた野菜を使い、椎茸や昆布は家にあれば使うが、なければ使用しないこともあったそうです。最近は子どもたちが好むようにと鶏肉も入れます。うす口醤油のあだ辛さ（塩辛さ）を和らげるため、隠し味程度にみりんを少量入れるのがコツです。両親はお椀がいっぱいになるくらいの大きなあんもちを「年取りもち」と呼び、元日に雑煮に入れて食べていたそうです。

協力＝石田敏代　著作委員＝秋吉澄子

＜材料＞ 4人分

丸もち…4個
大根…小ぶりのもので長さ3㎝程度（約80g）
にんじん…小1/2本（約50g）
里芋…小4個（1個約20g）
椎茸…小4個
ごぼう…1/4本（約40g）
青菜（熊本京菜、小松菜など）…2株程度
ちくわ…小1本（約30g）
かまぼこ…4切れ
スルメ*…20g
昆布…3〜5g
水…3カップ
うす口醤油…大さじ2
みりん…小さじ1

*1枚を縦半分に切り、横に細長く切って分量を用意する。

＜つくり方＞

1 スルメをハサミで5㎜幅、3㎝長さの細切りにする。昆布は食べやすいように角切りまたは短冊切りにする。
2 材料は基本的に3㎜厚さの輪切りにする。里芋や椎茸は小ぶりのものであれば、切らずにそのまま使う。
3 青菜は沸騰した湯で約1分ゆで、水にとり水けをしぼって3㎝長さに切る。
4 1に大根、にんじん、里芋、椎茸、ごぼう、スルメ、昆布を入れて中火で煮る。
5 野菜におおよそ火が通ったところで、もち、ちくわ、かまぼこ、調味料を入れ中火から弱火でさらにもちがやわらかくなるまで煮る。
6 もちがくっつかないように、椀の一番下に大根を敷き、他の材料を見栄えよく盛りつける。

◎昆布は長く煮てもとけないだし昆布を使う。

撮影／戸倉江里

〈宮崎県〉
いもんこんすい

県南西部の内陸部にある都城《みやこのじょう》では、正月には八十八夜に摘んだお茶や干し柿とともに、いもんこんすい（里芋のお吸いもの）が出される地域があります。おしゅいもん、いもんこんしゅい、略してしゅいなどとも呼ばれ、雑煮代わりにいただきます。もちは入りません。子孫繁栄を願い元日の朝は里芋を絶やさない習わしで、子どもの頃はそれを知らず、もちを好まぬ母の特製雑煮と思っていたそうです。

里芋、椎茸、大豆はどの家庭でも栽培しており、椎茸は干して保存していたものを使いました。おやし（豆もやし）も、数日前から光の入らない納屋などで大豆を水に浸しておき、芽を出させました。

里芋は前の日に畑から掘ってきます。煮しめ用も合わせると相当な数になりますが、桶に入れ、水を注ぎ、切り出した松の枝を中央にさし込んで、ハンドルを回すように左右にぐるっぐるっと回すと、おもしろいようにきれいに皮がむけます。これを丸のまま蒸して冷ましておいて、料理に使いました。

協力＝西トミ、木下テル子、中川町子、秋永正廣　著作委員＝秋永優子、篠原久枝

撮影／高木あつ子

<材料> 4人分

いもんこ（里芋）…4個
- 昆布…50cm
- 干し椎茸…4枚
- 中厚揚げ…2枚
- 昆布と椎茸の戻し汁…適量
- 醤油…材料*の5％重量
- 砂糖…材料*の2％重量

おやし（豆もやし）…20本程度
かまぼこ…4切れ
- 水…1ℓ
- いりこ…30g

塩…小さじ1
醤油…少々
*戻した昆布と干し椎茸、中厚揚げ。

<つくり方>

1 昆布と干し椎茸を一緒に水で戻す。
2 いもんこは、皮をむき、丸のまま蒸す。昆布は結び、厚揚げは横半分に切る。
3 昆布を戻し汁で20分ほど煮たら、椎茸を加える。10分ほど煮たら調味料と厚揚げを加え、昆布がやわらかくなるまで煮て味を含ませる。
4 いりこだしをとり、戻し汁が残っていたら加え塩と醤油で調味する。
5 4の汁を少しとり分け、おやしを煮て十分に火を通し、いもんこも加えて温める。
6 お椀にいもんこ、昆布、椎茸、厚揚げをすべて温かい状態で盛りつけ、おやしと切ったかまぼこを添える。温めた4の汁を注ぐ。

◎かしわ（鶏肉）を入れるときは、かしわでだしをとる。魚のすり身のてんぷらを入れてもよい。

〈鹿児島県〉

焼きえびの雑煮

目を見張るほど大きなえびに、里芋、さつま揚げ、かまぼこ、干し椎茸、豆もやし。鹿児島の雑煮は具だくさんですまし仕立て、もちは焼きもち、そして、焼きえびでだしをとるのが特徴です。えびは出《いず》水《み》市沖の八代《やつしろ》海でとれるクルマエビ科のクマエビです。これを炭火で焼き、干した焼きえびは島津家の献上品にもされ、雑煮の味はその時代から、鹿児島市や北薩地域などで受け継がれてきました。

鹿児島では年末になると、雑煮用の大小の焼きえびが出回ります。クマエビの焼きえびは希少で高価なため、別種の手頃な大きさの焼きえびを使う家庭も多いですが、雑煮にはこれでなくてはと、今も必ずクマエビを求める人もいます。

一方で県内には、鶏やかつお節などでだしをとる味噌仕立ての里芋の雑煮もあります。もちが貴重だった時代は代わりに里芋を入れました。贅を尽くした焼きえびの雑煮と、質素な中にも正月を祝う素朴な里芋の雑煮は、どちらも鹿児島の食文化を表しています。

協力＝泉和子、中原商店
著作委員＝山﨑歌織、大富潤

＜材料＞ 4人分

焼きエビ（クマエビ）…4尾
- 里芋（赤芽）…小4個
- だし汁（かつお節）…適量

- 干し椎茸…4枚
- 水…1と1/2カップ
- 酒…1/4カップ
- 砂糖…大さじ1
- 塩…小さじ1/2

かまぼこ（赤と白のうずまき状）…4枚
さつま揚げ（棒状）…2枚
のしもち（角もち）…4個
春菊…40g
豆もやし…20本
だし汁
- 昆布…12g
- 焼きエビ（小）…12尾
- 水…4カップ

うす口醤油…大さじ2と1/3
酒…大さじ2

＜つくり方＞

1. 焼きエビは、クマエビもだし素材もすべてさっと洗い、だし汁用の水に一晩つける。
2. 鍋に1を入れ、昆布を加えて1時間ほどおき、弱火にかける。沸騰直前に昆布をとり出し、醤油と酒で調味する。
3. 干し椎茸も一晩水につける。十文字の飾り包丁を入れ、戻し汁と調味料で弱火で40分ほど煮る。
4. 里芋は皮をむき面とりしてゆでこぼし、水で洗いぬめりをとる。だし汁である程度やわらかくなるまで煮る。
5. 春菊は色よくゆで、4cm長さに切りそろえる。豆もやしはゆで、5本ずつまとめて軽く結ぶ。
6. さつま揚げを斜めに半分に切る。
7. もちは両面を色よく焼く。
8. 2を火にかけ、3〜6とかまぼこを入れひと煮立ちしたら、焼きもちを入れて火を止める。
9. 椀にもち、里芋、かまぼこ、さつま揚げ、椎茸、春菊、豆もやし、焼きエビ（クマエビ）をよそい、汁を注ぐ。

◎エビは頭がとれやすいのであまりさわらず、盛りつけの際も気をつける。殻をむいて食べる。

撮影／長野陽一

クマエビの焼きエビ。県内でつくっているのは出水市の業者1軒のみ。11月〜3月、船の帆を張り風力で網を曳き、エビをとる。これを手作業で串に刺し、炭火で焼き天日で干す

p20の三重県では角もち・丸もち、醤油味・味噌味といろいろな雑煮があるとされています。この付近から西は丸もち、東は角もちと分かれていきます(詳しくは次ページ)。同じような境界線付近の三つの県の雑煮を集めてみました。

丸もちか角もちか？
境界線付近の雑煮いろいろ

〈 石川県 〉

左は加賀の雑煮で丸もち、具はねぎ。右は金沢で角もち、具はかつお節とせり、ゆずの皮。どちらも煮たもちで、汁はすまし仕立て。金沢では三代藩主前田利常が江戸の徳川家から珠姫を正室に迎えたところから角もちが広まったという。能登は丸もちで具だくさんになり、小豆雑煮もある。

〈 岐阜県 〉

左は飛騨の雑煮で角もち、具は焼き豆腐、頭芋、鶏肉、赤巻きかまぼこ、ねぎ。右は郡上の雑煮で角もちの砂糖がけ、具は堅豆腐、ほうれん草。どちらも焼いたもちで、汁はすまし仕立て。貴重なたんぱく質源として豆腐が入る。飛騨では昔から交流のさかんな富山の赤巻きかまぼこが入る。

〈 和歌山県 〉

左は県北で奈良・大阪と接する橋本市の雑煮で丸もち、具は大豆粉(生)をだしで丸めてだんごにした「うち豆腐」と大根、里芋、にんじん、水菜。汁は味噌仕立てでもちは煮る。右は県南の田辺市旧大塔村に伝わるもちなし雑煮の「ぼうり」で、大きな里芋の親芋を2日かけて煮こんだもの。

協力／水口裕子、石田賀代子(岐阜県)、硲好子、棚上モト子、壷井郁子(和歌山県)
著作委員／中村喜代美、新澤祥惠、川村昭子(石川県)、辻美智子、西脇泰子、横山真智子(岐阜県)、青山佐喜子、川原﨑淑子(和歌山県)
撮影／長野陽一(石川県、岐阜県)、高木あつ子(和歌山県)

雑煮文化圏マップ

雑煮のタイプは大きくは西の丸もち文化圏と
東の角もち文化圏に分かれ、さらにもちを焼くか煮るか、
汁の味つけなどで違いがあります。
雑煮の大まかな地域的分布を見てみましょう。

作成／奥村彪生（伝承料理研究家）

【もちの形】 丸小もちは神様に供えた鏡もちの分身で、これが雑煮のもちの原型。後に人口が増えた江戸で、賃つきもち屋がもちを早くつくるために、丸めないのしもちをつくり、それを切った角もちが広まった。

【煮るか焼くか】 丸もちは煮ることが多く、角もちは焼くことが多いが、それぞれに逆のタイプもある。

【汁の味つけ】 すまし汁が多いが、関西と四国、北陸の一部で味噌仕立てがつくられる。味噌は白味噌もあれば赤味噌もある。現在の形ができあがったのは明治後半。

＊だしはかつお節が多いが、いわしやとびうお、するめなど土地のものを使いバラエティに富む。

＊北海道と沖縄にはもともとは雑煮を食べる文化がなかったのでこの地図には含めない。

○ 丸もち・煮る　● 丸もち・焼く
□ 角もち・煮る　■ 角もち・焼く
◉ あんもち・煮る

白味噌文化圏（京都風丸もち白味噌汁文化圏）
赤味噌文化圏（福井県と徳島県の一部）
すまし汁文化圏
小豆汁文化圏（鳥取県から島根県にかけて）
溜醤油文化圏（愛知県・岐阜県・三重県の一部）

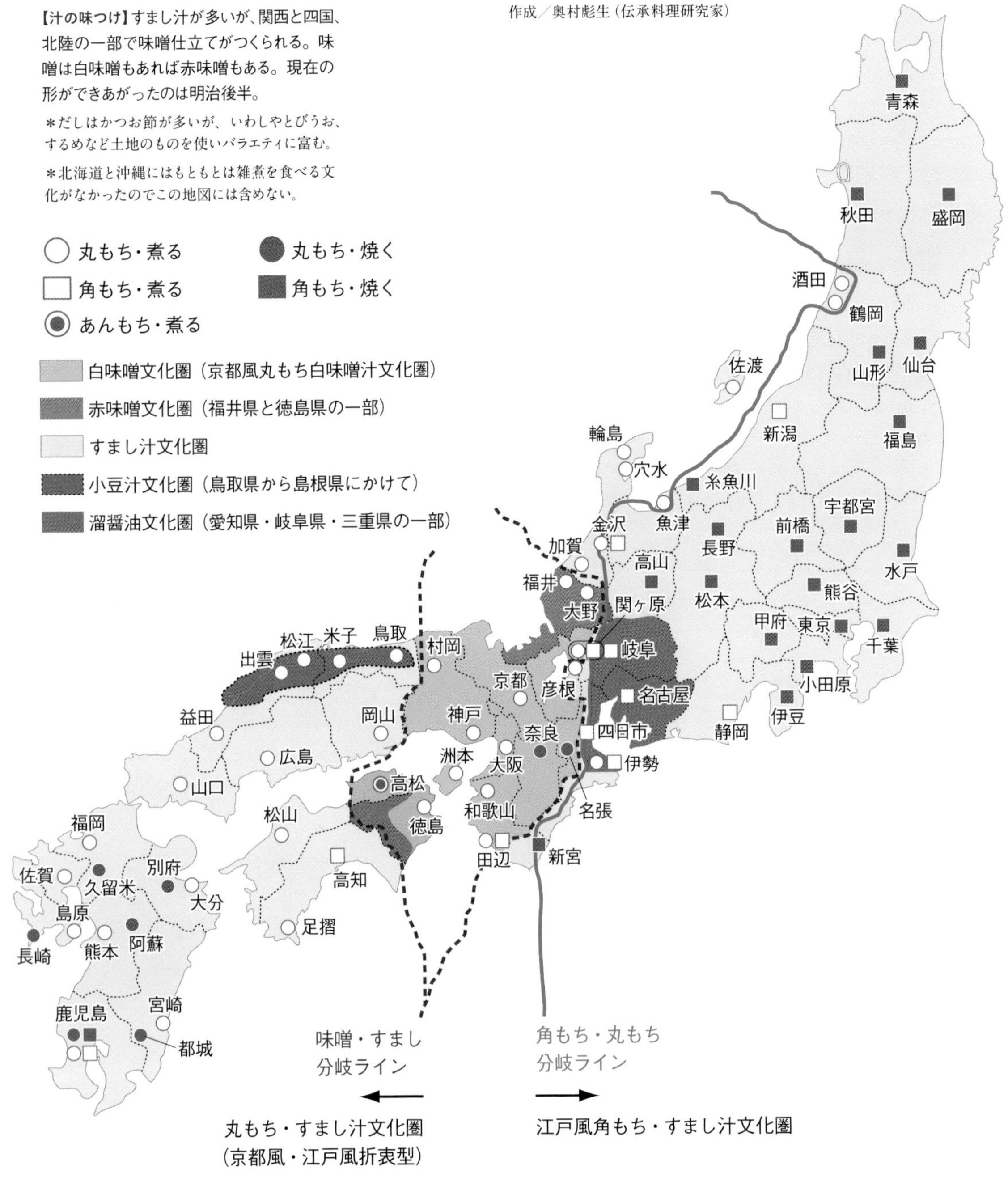

＜参考文献＞奥村彪生著『日本料理とは何か』『おくむらあやお ふるさとの伝承料理 11 わくわく お正月とおもち』（ともに農文協）

いずし・なれずし

正月にはもちばかりでなく、すしを食べる習慣も各地で見られます（既刊「すし」参照）。米と魚を贅沢に使ったすしは新年にもふさわしいごちそうです。ここでは酢めしを使うすしではなく、正月に向けて仕込み発酵・熟成させる、いずしとなれずしを紹介します。

〈北海道〉

鮭のいずし

魚をご飯や麹と漬けこむいずしは、正月や来客時のごちそうとして、また、冬の間の保存食として北海道に根づいている伝統食です。鮭をはじめ、にしん、ほっけ、かれい、はたはた、きんきなど、いろいろないずしが各地でつくられてきました。

話を聞いた帯広市の家庭では、正月に食べられるよう11月中旬から準備を始めます。鮭は、余分な水分が抜け旨みが凝縮している「山漬け」がおすすめとのこと。野菜、鮭、ご飯と麹の順に重ねて漬けこんでいきます。何段になったかがわかるように、1段重ねるごとにご飯を1粒、飯台などにつけていくそうです。最後に抗菌作用のある笹の葉をかぶせます。

凍るか凍らないかギリギリの温度で発酵させると、魚と野菜の味わい、ご飯と麹の甘味、乳酸発酵による酸味のバランスのよいまろやかないずしができあがります。鮭の旨みが増すのはもちろんですが、魚や野菜の味がしみこんだご飯もとてもおいしいです。

協力＝村田ナホ、浦木明子
著作委員＝村上知子

<材料> 15ℓのいずし樽1個分

塩ザケ（約3.5kgの山漬け*）…2尾
酢…1ℓ
大根…2本
にんじん…4本
きゅうり…5本
しょうが…500g
赤唐辛子…10本
米…1升（1.5kg）
米麹…500g
酒（手水）…1合

笹の葉20枚、重し（6kg）、漬物用ポリ袋

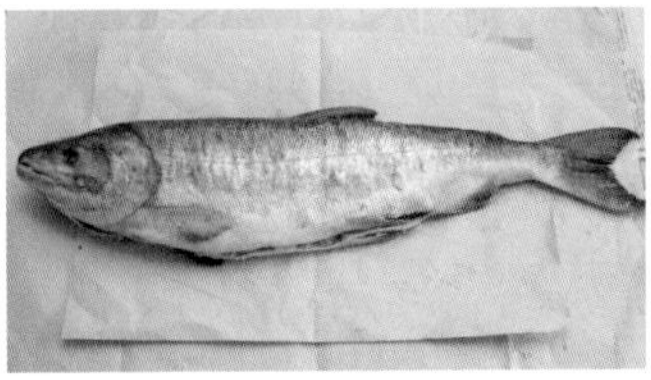

*山漬けは、大量の塩とサケを交互に高く積み上げて漬けこんだ塩ザケ。普通の塩ザケを使うときは、水につけて塩出し後、酢につける。野菜の3%の塩を用意し、層ごと等分にふって漬けこむ。

<つくり方>

1 山漬けのサケは頭を落として三枚におろし、背びれを除き、背と腹に分けて1～2cm厚さのそぎ切りにする（写真①）。腹の部分は腹骨ごと切る。
2 1を少し塩が残る程度まで水洗いし、ザルにあげ水をきる。酢につけて半日おき、再びザルにあげ酢をよくきる。魚肉が傷むので手でしぼらない。
3 大根、にんじん、しょうがはせん切り、きゅうりと赤唐辛子（種を除く）は小口切りにする。
4 ご飯をかために炊き、人肌程度に冷ます。麹はぱらぱらにほぐす。笹の葉は水洗い後、水けをふきとる。手水にする酒をボウルに入れる。以上の材料をすべて用意する（写真②）。
5 ご飯に麹を混ぜ、1/5量を最後にのせる用にとり分ける。
6 樽に漬物用ポリ袋を入れ、材料を詰める。まず手に酒をつけて**5**のご飯を軽く敷き、**3**の野菜を大根、にんじん、きゅうり、しょうが、赤唐辛子の順に重ね、**2**のサケを敷き詰め、ご飯を重ねる。ときどき酒をつけた手でしっかり押す。このように、ご飯、野菜、サケの順に詰め、9～10段重ねる（写真③、④）。
7 一番上にとり分けておいたご飯を敷き詰め、残った酒をふりかける。塩を軽く（分量外）ふってなじませ、上に笹の葉をかぶせる（写真⑤、⑥）。ポリ袋を持ち上げて空気を抜き、袋の口を閉じて樽の蓋をする。
8 一晩そのままにし、翌日に重しをして約1カ月、5℃くらいの場所で発酵させる。水が出るのでタライに入れておく（写真⑦）。
9 食べる4～5日前に水きりをする。樽をひっくり返して重しをする（逆さ押し）と水分が抜ける。
10 水分が抜けたら、樽を戻して上から1段ずつとり出す（写真⑧）。とり出した後は忘れずに重しをのせる。

◎長期間漬けるため、防腐効果のある酒を手水に使う。
◎しっとりと仕上げたいときは、逆さ押しをしないで、汁だけ捨てる。
◎保存は1カ月半ほど。

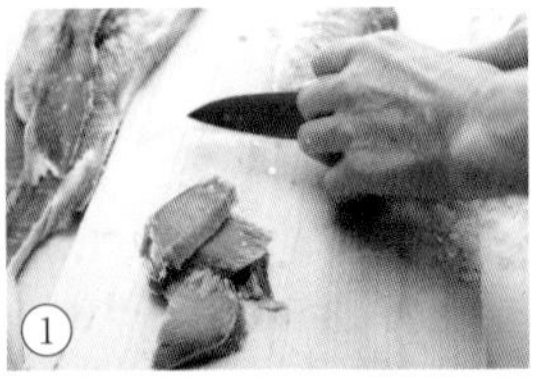

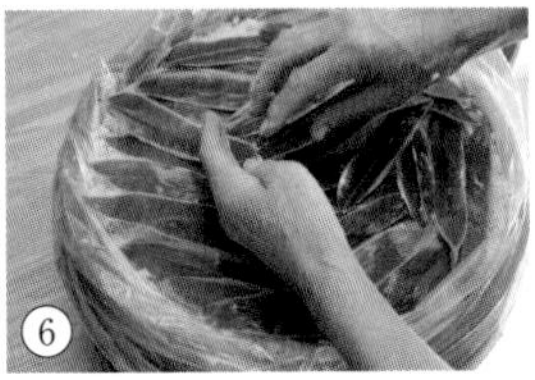

撮影／高木あつ子

〈石川県〉
かぶらずし

かぶらずしは、正月の伝統的な料理として各家庭でそれぞれ腕によりをかけてつくり、親戚や知人に配ったものです。脂ののった能登のぶりは漬けこむとロースハムのようなピンク色になり旨みが際立ちます。かぶはより甘く上品な味わいになります。

魚と米（めし）を発酵させるなれずしとは違い、麹も加えて北陸のマイナス2〜3℃から5℃くらいの寒気で発酵を抑え気味にして徐々に熟成させます。しかし近年、北陸はあまり雪が降らない暖かい天候が多くなっています。厳しい寒さならかぶの下漬けは3％くらいの塩でおいしく仕上がりますが、暖かい年は塩を少し強めにするか、冷蔵庫に入れないとかぶはすぐにうんで（やわらかくなりすぎて）おいしくなくなってしまいます。

食べるまでに40日ほどと時間がかかること、ぶりが高価になり塩漬けなど手もかかるので年齢とともに漬けずに買うようになる人が多いですが、塩さばや塩鮭で手軽につくる人もあり、漬けこみ体験ができる店もあります。

著作委員＝中村喜代美、新澤祥惠、川村昭子

＜材料＞かぶ10個分

ブリ（さく）…1kg
あら塩…800g〜1kg
酢…600〜700mℓ
青かぶまたはかぶ…10個（4〜5kg）
あら塩…かぶ重量の3〜5％
米麹…1kg（かぶの20％程度）
ご飯…米2カップ分
熱湯…1と1/3カップ
にんじん…1本
赤唐辛子…5本
昆布…10cm角2枚（20g）
ゆずの皮…1個分

下漬け用ポリ袋（20ℓ）1枚
本漬け用ポリ袋（30ℓ）1枚

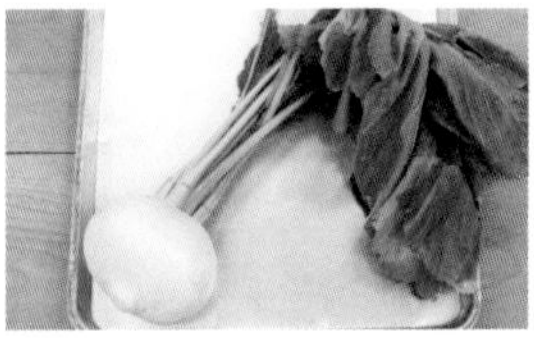

青かぶは皮の上部が緑色になっているもので、古くからかぶらずしに使われてきた石川県の伝統野菜

＜つくり方＞

【下準備】

1 本漬けの20日〜1カ月前に、ブリを塩の中に埋めるようにべた塩をし（写真①）、冷暗所で保存する。
2 本漬けの1週間前までにかぶを下漬けする。かぶを横に半分に割り、さらに横に7〜8分目まで切り目を入れ、塩漬けにする。重しはかぶの2倍。2、3日で水が上がってきたら重しを半量にする。
3 本漬けの1日前にブリを5mm厚さに切り、もとの塩と水分に漬けて（写真②）、一晩おく。
4 翌日、ブリをさっと酢洗い（分量外）し、分量の酢に3時間〜半日ほど漬けておく。
5 本漬けの1日日に麹の準備をする。蓋つきの両手鍋に麹と熱湯を混ぜ、熱いご飯を加え混ぜる。バスタオルでくるみ、こたつの中に一晩入れる。炊飯器の場合は麹と熱湯とご飯を混ぜ合わせて布巾をかけ、箸をのせ蓋のすき間をあけ40〜50℃で5〜7時間保温する。かためのの甘酒のようになっていればよい。

【本漬け】

6 かぶをザルに上げて水けをきり、酒（分量外）で切りこみの中まで洗い、ブリをはさむ（写真③）。
7 昆布は8枚に切り、にんじんはせん切り、赤唐辛子は輪切り、ゆずは皮をせん切りにする。
8 桶にポリ袋を入れ、底に5の甘酒（麹）を少し敷く。ブリを挟んだかぶを並べ（写真④）、5の甘酒をのせ、にんじん、赤唐辛子、ゆずの皮を散らし昆布をのせることを繰り返す（写真⑤）。
9 重しをして、外気と同じくらい寒いところで漬けこむ。水が上がってきたら除く。5日〜1週間たったら味見をする。ブリがきれいなピンク色になり、かぶがしんなりしてコリッコリッと歯ざわりがあり、全体に発酵し甘味と旨みが増していれば食べごろ（写真⑥）。1週間くらいで食べきる。

◎かぶは酒で洗うことで、旨みが増し、塩分も除き、殺菌にもなる。

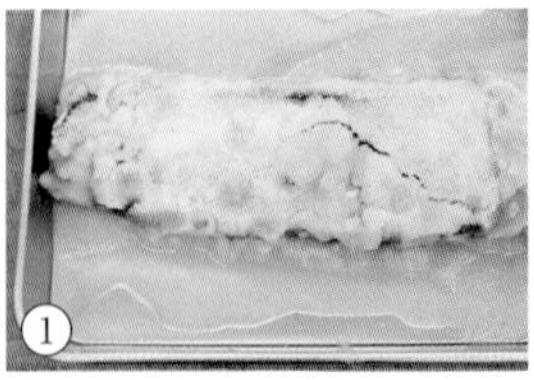

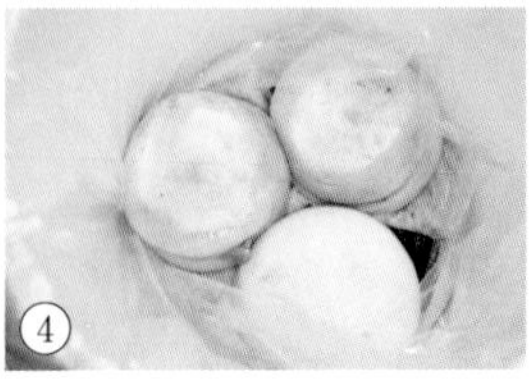

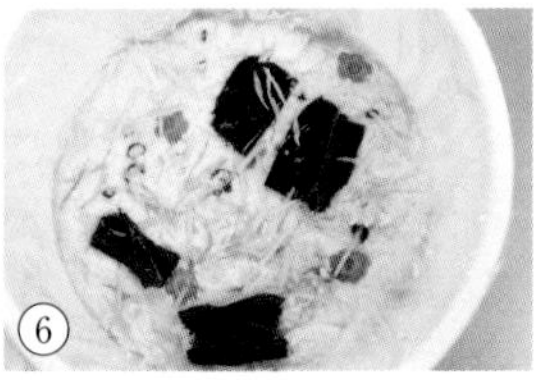

これは戻した身欠きニシンと下漬けした大根を甘酒で漬けた「大根ずし」。ニシンは塩漬けしないので手軽にできる。甘酒とニシンの旨み、大根のサクサクとした歯ごたえがくせになり、日常よくつくる

撮影／長野陽一

〈岐阜県〉

鮎なれずし

岐阜市の長良川では1300年以上の歴史をもつとされる鮎の伝統漁法「鵜飼《うかい》」があります。鵜を操る鵜匠《うしょう》は世襲制で、親から子へと受け継がれています。

鮎なれずしは鵜匠の家に伝わる家庭料理です。古くは保存食だったようですが、江戸時代には将軍家への献上品としていました。一部の鵜匠家ではお世話になった方に感謝の気持ちをこめて、年末に配ります。屋号の入った小さめの桶でつくり、その桶ごと届け、桶は後日返してもらうのだそうです。

材料は鮎とご飯と塩だけですが、ご飯が発酵することにより独特の香りと酸味が鮎のうま味と相まって食べやすいものです。鵜匠家では酒の肴に数切れといった食べ方もしているようです。鮎の大きさをそろえて塩抜き加減を一定にする、重しが軽いと生臭くなるなど、家ごとにこだわりのつくり方がありますが、いい仕上がりにするには長年の経験と勘も必要です。鮎の内臓は別に発酵させ、塩辛の「うるか」もつくったそうです。

協力＝鵜匠の家すぎ山、山下純司
著作委員＝辻美智子、堀光代

撮影／長野陽一

鵜匠家の庭で羽を伸ばす鵜

鮎と、鮎の腹に詰めたご飯がなじんでうま味が濃い

<材料> 1桶（約12ℓ）分

アユ（落ちアユ*の雄）…60尾（約3kg）
米…8合＋2合
塩（アユの漬けこみ用）…アユの表面が塩で隠れるぐらい（べた塩）

*産卵のために川を下るアユのこと。雌は腹の身が薄いのでおいしくない。

竹皮（桶の中身を覆う）2〜3枚
枕木（11で使う）約9×9×15cm

<つくり方>

【アユの塩漬け（11月頃）】

アユの塩漬けは約1カ月常温保存のため、平均気温が10℃程度に低くなってから仕込む。

1　アユは内臓とエラ、ヒレ（尾ビレ以外）、この時期にみられるウロコを除く。エラはきれいにとらないと、できあがりが茶色になってしまう。
2　アユの身が見えなくなるぐらいの塩をつける。バットに入れた塩にアユを入れて全体につける。密閉容器やかめなどに入れて約1カ月、常温保存する。

【アユの水洗い（塩抜き）】

3　2のアユをとり出し、ざっと洗って塩を流す（写真①）。
4　ボウルまたはシンクを使い、1時間ほど流水にさらす。水流の強さは「チョロチョロ」の少し強め。
5　塩抜さ加減は気温や天候によっても変わるので、少し食べてみて塩辛すぎずに食べられるくらいになっていればよい。ザルにあげ水けをきる。

【漬けこみ】

6　米8合はアユに詰める用に普通に炊き、人肌よりも温かい状態にしておく。2合は普通に炊いたら水で洗い、ザルにあげ水けをきる（ふりめし用）。
7　桶の底に洗ったご飯を薄く敷く（ふりめし）（写真②）。
8　5のアユに水洗いしていないご飯を詰める（写真③）。1尾につき約50g。
9　1段につき、アユは15尾程度を並べる（写真④）。水洗いしたご飯でふりめしをして、表面の凸凹をそろえる（写真⑤）。
10　2段目は桶を90度回して、アユが1段目と交差するよう並べる。ふりめしをし3段目と4段目も同様に90度ずつ回しながら重ねる。
11　4段目の上もふりめしでおおったら（写真⑥）、竹皮、落とし蓋、枕木（写真⑦、⑧）をのせる。軽めの重し（5kg）をして一晩おく。
12　翌日、重しを15kg追加して計20kgにする（写真⑨）。竹皮の上あたりまで水を張る。以後約2カ月はそのまま吹きさらしの軒先で保存する。桶の水は足して常にいっぱいにしておく。

【完成まで】

13　1カ月ぐらいで上水（ウワミズ、竹皮の上にたまった水）にカビが出てくる。発酵しているので食べられるが、骨はまだ少しかたい。2カ月ぐらいするとカビが多くなり、よく熟れて骨までやわらかくなる。カビは竹皮の下には入らない。こうなったら重しを外し、上水を捨てる（写真⑩）。桶のふちにこびりついたカビをきれいにふきとる（ぬぐう）。
14　一番下にバットをおき、桶と中身をしっかり支えられる大きさの枕木をあてて桶を逆さにする。桶の底に上から5kg程度の重しをのせ、半日ほど（夜に逆さにして、次の日の朝まで）水けをきる。
15　桶を元に戻し、落とし蓋をあけ（写真⑪）、表面のご飯を除く（写真⑫）。
16　アユは6〜7枚にスライスして、腹に詰めたご飯やまわりについたご飯とともに食べる。

①

②

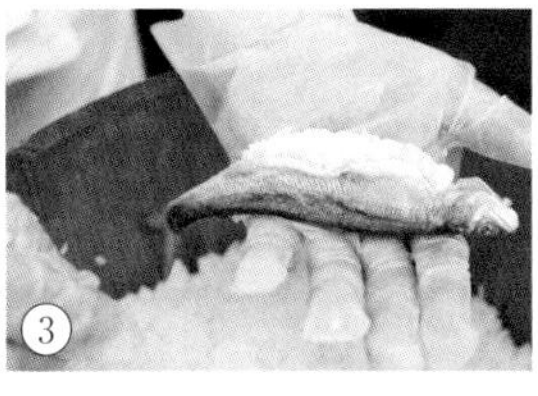
③

④

⑤

⑥

⑦

⑧

⑨

⑩

⑪

⑫

〈滋賀県〉

ふなずし

夏に仕込んだふなずしは正月に口切りをし、酒の肴やお茶漬けにして家族みんなで食べ、お土産としても重宝されました。昔は、琵琶湖でとれたフナを家庭で塩切り（塩漬け）していましたが、今は魚屋で塩切りしたフナを買って漬けることが多いです。おいしくつくるコツは塩切りフナを流水でしっかり洗ってよく乾かすこと。夏は毎日水を替え、重しが常に平らになるようにしておくことだそうです。できあがりは塩味と酸味と独特の発酵臭がありますが、食べてみると旨みを感じ、その独特の香りと味がやみつきになります。

滋賀の食事文化研究会編の『ふなずしの謎』『つくってみよう滋賀の味』によると、ふなずしは、すしの原型といわれる「なれずし」で、塩をした魚と飯を漬けて乳酸発酵させたものです。なれずしには、ふなずしのように半年から1年発酵させて魚だけを食べる本なれずしと、発酵期間が短く、漬けためしも一緒に食べる生なれずしがあります。

協力＝小島朝子
著作委員＝山岡ひとみ

＜材料＞ 1桶分

ニゴロブナ…10kg
塩（塩切り用）…5kg
┌米…10kg（約6.6升）
│塩（飯漬け用）…1/2カップまで
└酒…1合（180mℓ）
水…適量

先の曲がった針金、桶、落とし蓋、重し、竹の皮、かいわら（稲わらを三つ編みにしたもの）、ポリ袋

＜つくり方＞

【フナの下処理】春先

1 フナのウロコやエラをとり、卵は破らないようにして残し、エラぶた、または口から針金で内臓をとり出す。苦玉（胆嚢）は傷つけないようにしてとり除く。
2 十分に水洗いし、水きりする。

【塩切り（塩漬け）】

1 フナはエラぶたから塩を腹いっぱいに押しこみ、目やヒレのつけ根にもすりこむ。
2 桶の底に塩を敷き、フナがあまり重ならないように1段並べ、塩をする。順次フナを漬けこみ、落とし蓋をして重しをのせ、夏まで3カ月以上おく。
3 塩漬けしたフナ（写真①）をたわしを使って十分に水洗いし（写真②）、腹の中の塩も洗い流す。卵は流さないようにする。ほぼ半日陰干しし、しっかり乾燥させる（写真③）。

【飯漬け】夏の土用の頃

1 普通に炊いた飯（めし）を冷まし、塩をまぶす。フナのエラぶたから飯（めし）を空気を押し出すようにしっかり腹に詰める（写真④）。
2 桶の底に塩少々をふり、酒を手水にして飯（めし）を入れて押さえる。その上にフナを平らになるように並べ（写真⑤）、飯（めし）を入れて押さえる。フナと飯（めし）を交互に漬け、最後は飯（めし）でおおう（写真⑥〜⑧）。
3 竹の皮を当て、桶の内径にそってかいわらをおき、落とし蓋をして重しをのせる。
4 虫やゴミなどが入らないように、ポリ袋をかぶせる。
5 1日後、蓋の上からあふれるまで水を張る。その後は、重しの傾きや張り水に注意する。水は常に張っている状態にしておき、こまめに水を替えて（夏の間は毎日）カビや虫がわかないようにする。年末頃には食べられる。大きいフナは1年くらい漬ける。

【とり出し方・食べ方】

上に張った水を先に出してから、重しをおろし、上の飯（いい）をはずして、一層ずつふなずしをあげていく。飯（いい）をこそげ落とし、薄切りにする。ご飯のおかずや酒の肴、お茶漬け、吸い物などにする。

◎桶には平らになるように魚を並べることがポイント。平らでないと重しをしたときに傾いてしまい、全体をしっかりと押さえられない。発酵がすすむと傾きやすくなるので、重しは常に平らになっているようにする。そのためにも、発酵が進んでいる間は重しは重いほうがよい。

◎水を張らずに上がってくる水だけで漬ける方法もある。その場合、水が上がってくるのを確認。水が張っていないと雑菌が入りやすい。

①

②

③

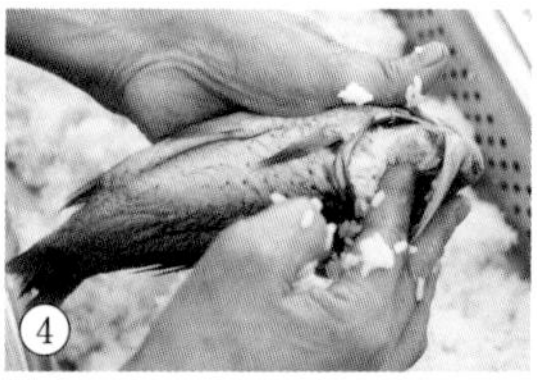
④

⑤

⑥

⑦

⑧

撮影／長野陽一

昆布巻き・煮豆

真っ黒な昆布をくるくると巻いた形を、人はなぜめでたいと思うのでしょうか。巻く魚はいろいろ、昆布ではなくあらめで巻くものもあります。煮豆も黒豆に限りません。金時豆や落花生を煮て、細かく切りそろえて煮た野菜と合わせたりもします。

〈北海道〉

にしんの昆布巻き

北海道産の昆布と身欠きにしんでつくる昆布巻きは、正月や祭りなど大勢が集まるときには、どの家庭でも必ず食卓に並びました。昆布にはいろんな種類がありますが、道南の松前や函館周辺では真昆布を使います。渡島《おしま》半島は南東部沿岸を中心に真昆布の産地で、養殖もさかんです。漁師などからもらうことも多く、どの家にも常備されていました。

道南では、昔は12月になると木箱に入った身欠きにしんをお歳暮にしていました。実家が自営業だったという人は、子どもの頃は従業員や親類へ届ける木箱が山積みになっているのを見て、年末を感じたそうです。家庭でもおばあさんが、たくさんのにしんを米ぬかを入れた水につけて昆布巻きの準備をしました。

にしんの骨の多さやかたさ、くさみが苦手であまり食べなかったが、大人になって昆布巻きの味わい深さを実感したという声もあります。市販品も多くなり調理する機会が減っているのは残念なことです。

協力＝井上孝子、田中寿栄子、鳴海セツ子
著作委員＝坂本恵、伊木亜子

撮影／高木あつ子

<材料> 4人分（8本分）

身欠きニシン（本乾）…4本（100g）
昆布*（幅4〜5cm×長さ15cm）
…8本（100g）
かんぴょう…30g
砂糖…大さじ3
みりん…大さじ1
酒…大さじ1
醤油…大さじ3
だし汁（昆布）…4カップ

*養殖の真昆布を春早くに間引きした若昆布。早煮昆布とも呼ばれ、短時間でやわらかく煮上がる。

<つくり方>

1 身欠きニシンは洗ってから米のとぎ汁につける。一晩たったらタワシでごしごし洗い、エラと背ビレを除いて縦半分に切り、昆布の幅に合わせた長さに切る。
2 昆布は水で両面をなでるように洗い、水けをふきとる。
3 かんぴょうは塩（分量外）でもみ洗いし、水に浸して戻す。水けをしぼり8等分する。
4 昆布を広げ、ニシン2切れを重ねて芯にして昆布をぐるぐる巻く。ニシンは頭側と尾側、背と腹では厚みが異なるので、合わせて厚みをそろえる。
5 つなぎ目を下にしてかんぴょうで中央1カ所を結ぶ。
6 鍋に昆布のつなぎ目を下にして重ならないように並べ、だし汁と調味料を加え強火にかける。
7 ひと煮立ちしたら鍋の蓋を少しずらしてかぶせ、弱火で2時間ほどゆっくり煮る。竹串がすっと通るようになったら火を止めて冷ます。

〈茨城県〉

わかさぎの昆布巻き

土浦市やかすみがうら市など、霞ヶ浦近辺では、正月料理としてわかさぎの昆布巻きがつくられます。年末に魚屋に並ぶ、大きめのわかさぎを串に刺して焼いた「いかだ」と呼ばれる白焼きを昆布巻きの具にしました。「いかだ」はあぶって、七味や醤油をたらして食べる酒の肴でもあります。

霞ヶ浦では川魚漁がさかんで、昭和40年頃は冬の寒い時期に吹く「筑波おろし」と呼ばれる木枯らしを利用して帆をはり、わかさぎやしらうおをとる「寒曳き漁《かんび》」が行なわれ、冬の風物詩にもなっていました。その後はエンジンで稼働する「トロール船」が一般的となり、現在もトロール船での漁が行なわれています。わかさぎ漁の解禁日は7月21日ですが、正月の昆布巻きに使うのは、冬にとれる大きなわかさぎや、年末から春にとれた子持ちわかさぎを冷凍して保存しておいたものです。とくに春のわかさぎは子持ちでおいしいので出荷せずに、ほとんどは自宅用にしているそうです。

協力＝宮崎恒雄、宮崎厚子、宮崎加緒里
著作委員＝吉田恵子、飯村裕子、野口元子

撮影／五十嵐公

<材料> 36本分

焼きワカサギ…36本
日高昆布…3.6m（10cm／1本）
かんぴょう…1袋（40g）
砂糖…500g
醤油…300g（345mℓ）
酒…200mℓ
みりん…200mℓ

<つくり方>

1 昆布とかんぴょうをそれぞれ水で戻す。
2 昆布の横幅をワカサギの体長に合わせ、縦は長さ10cm程度に切る。
3 ワカサギを昆布で巻き、かんぴょうで結ぶ。
4 鍋に入れ、かぶるくらいの水（分量外）を加えて強火にかけ、沸騰したら中火から弱火にし、蓋をして煮る。昆布をさわってみてやわらかくなったら火から下ろし一晩おく。
5 砂糖を加えて強火にかけ、沸騰したら弱火にし蓋をして30分煮る。昆布を食べてみて甘くなったら火から下ろし、さらに一晩おく。
6 醤油、酒、みりんを加えて強火にかけ、沸騰したら弱火にし蓋をして30〜40分煮る。一晩おいてワカサギにまで十分味をしみこませてできあがり。

◎佃煮ほど味は強くないので、時間をかけて煮ること、一晩おくことで昆布だけでなく、ワカサギにも味がしみる。

撮影／高木あつ子

<材料> 6本分

日高昆布…2本（50g、戻して150g）
塩ザケ…2切れ
かんぴょう…15g
しょうが…1かけ
昆布の戻し汁…3カップ
酒…大さじ3
醤油…大さじ3
砂糖…大さじ3

<つくり方>

1 昆布をさっとふき、2〜3時間水で戻してやわらかくして3等分する。戻し汁はとっておく。
2 サケは1㎝角の棒状に細長く切り、昆布の幅に合わせて長さを整える。
3 かんぴょうは水にぬらして塩でもみ、水につけて10〜15分戻す。
4 しょうがはせん切りにする。
5 昆布を広げ、サケとしょうがを手前にのせて端から巻く。
6 昆布を2〜3回巻いてかんぴょうでしっかりしばる。幅が広い昆布は2カ所でしばる。
7 鍋に**6**の昆布と昆布の戻し汁、酒、醤油、砂糖を入れ、2〜3時間ゆっくり煮る。
8 冷めるまで煮汁に浸し、大きいものは1切れ4〜5㎝に切って盛りつける。

◎サケの頭でつくるときは汚れなどを除いて縦長に切る。塩が強ければ塩抜きして使う。

◎かんぴょうは長いまま使い、巻いてから切ると無駄がない。

〈群馬県〉

昆布巻き

群馬県は海から離れているので、海産物は塩漬けや乾物が多くなります。県内の多くの地域では、暮れにお歳暮でいただいた塩引き（鮭）を芯にして昆布巻きをつくりました。今は1尾で購入しなくなったので切り身を使いますが、昔は1尾のまま座敷のお正月様にお供えしてから、その頭を細長く切って入れました。

頭は、汚れの多い部分や目玉などを除き、エラの部分もすべて使います。薄いエラは厚みのある氷《ひ》頭《ず》の部分と組み合わせました。練《れん》炭《たん》火鉢で半日ほど煮ると骨までやわらかく、煮こごりもでき、コクがあっておいしかったそうです。鮭は正月の貴重な食べもので、焼いたり粕漬けや粕煮にしたり、頭も骨も貴重なたんぱく質源として無駄なく利用しました。

現在も正月には、塩鮭を使った昆布巻きと、雑煮、きんぴら、なます、煮しめ、かまぼこ、酢だこ、松前漬け、うずら豆や花豆の煮豆などをいただきます。

協力＝高岸裕代、内田幸子
著作委員＝綾部園子、神戸美恵子

〈愛知県〉

はえのあらめ巻き

　県の西南端、木曽川、長良川、揖《い》斐《び》川の3つの川が伊勢湾に注ぎこむ河口付近に位置する水郷地区は、起状が少なく平坦で大部分が海抜ゼロメートル地帯となっており、かつては川魚が豊富にとれました。正月のおせち料理には、この地区特有の食材である川魚を使ったものが多くありました。「あらめ巻き」はふなの幼魚であるはえを乾燥させておいて、水で戻した海藻のあらめで包んで煮たものです。乾燥したあらめは年末になると近くの店でよく売られていたようです。

　昭和34年の伊勢湾台風によって海水がこの地区の川に流れ込んだことや、池や川が崩壊したことにより、川魚がとれなくなりました。また、その後、家庭での浄化槽の導入により、その生活排水が原因で川が汚染され、ますます川魚の入手は難しくなりました。川魚を使った料理をつくる機会が減っており、あらめ巻きも、今は家庭ではめったにつくられず、道の駅や料理屋で購入するそうです。

協力＝海部地方郷土料理研究会
著作委員＝羽根千佳、西堀すき江、亥子紗世

＜材料＞ 4人分

あらめ*…4枚（120g）
ハエ**（白焼き）
　…10〜15㎝・4尾（200g）
ずいき（乾燥）***…30〜40㎝・4本
砂糖…大さじ2
醤油…大さじ2強（40g）
みりん…大さじ1強（20g）

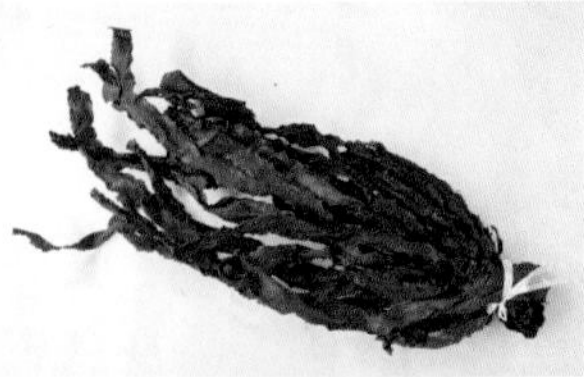

*あらめ。コンブ科の海藻。乾燥したものが流通している。岩手県以南の太平洋沿岸、日本海沿岸および九州沿岸などに分布。上の写真は乾燥したもの、下の写真は水で戻したもの。

**フナの幼魚。写真は白焼きしたもの。
***かんぴょうでもよい。

＜つくり方＞

1 あらめは洗い、たっぷりの水（分量外）につけて1日おいて戻す。
2 あらめの根に近い方を巻き始めにしてハエを芯にして三角形になるよう巻く（写真①）。つまようじでとめてもよい。
3 形がくずれないように水で戻したずいきを巻きつけて結ぶ（写真②、③）。
4 鍋に**3**を入れ、砂糖を加え、かぶるくらいの水（分量外）で十分やわらかくなるまで弱火で煮る（写真④）。
5 あらめがやわらかくなったら、残りの調味料を加えて煮含める。

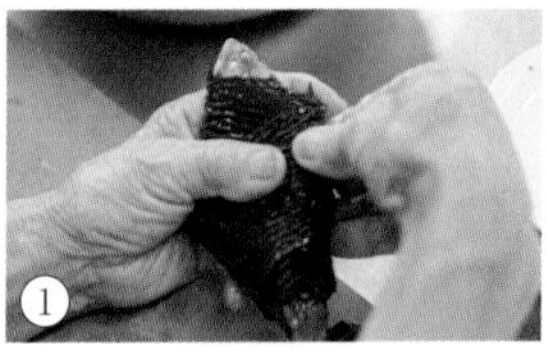

今はハエの代わりにシシャモ、煮干しを使うことが多く、またにんじん、ちくわ、れんこん、油揚げ、ごぼうなども一緒に巻くこともある。巻き方はハエと同様に、あらめの根に近い方を巻き始めにしてシシャモ、拍子木切りにしたにんじん、ごぼうを芯にして三角形になるように巻き、ずいきを巻きつけて結ぶ（写真①〜③）。

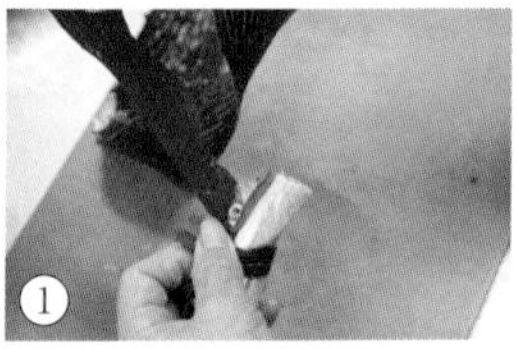

撮影／五十嵐公

〈三重県〉

はぜのあらめ巻き

三重県で昆布巻きというと、魚や野菜を海藻のあらめで巻いたもので、め巻きとも呼ばれます。北勢では焼きはぜ、南勢や志摩ではいわしやさんま、内陸部ではにんじんやごぼうといった地域でとれる食材を巻いてつくります。あらめは伊勢湾でとれ、現在、日本で流通しているあらめのほとんどは三重県産です。三重県では北海道産の昆布が貴重だった頃から広く使われており、海の近くではあらめを浜で拾って乾燥させて保存し、正月料理、佃煮、酢の物などにしていました。

桑名市の、木曽三川（木曽川、長良川、揖斐《いび》川）の河口の汽水域はしらうお、はぜ、はえなど小魚や貝類の漁場です。釣った小はぜは腹出しし、串に刺して焼いてから乾燥し、正月の料理はもちろん、だし、甘露煮などに使いました。暮れにはあらめ巻きを鍋いっぱい炊いて親戚にも配っていたそうです。町場では暮れになるとはぜが魚屋の店先に出始め、正月が近いことを知らせます。

協力＝伊藤順子、杉山峯子
著作委員＝水谷令子

撮影／長野陽一

＜材料＞ 10本分

焼きハゼ…小20尾
葉あらめ（幅広いもの）…60g
しょうが…50g（3かけ）
かんぴょう…約20cm長さ10本（15g）
砂糖…70g
醤油…1/3カップ強（70mℓ）
酒…1カップ
水…1/2カップ
みりん…1/4カップ

＜つくり方＞

1 葉あらめは10〜15分水につけて戻す。10等分する。
2 しょうがを薄切りにして鍋底全体に並べる。あらめが鍋につかないようにするため。
3 あらめを広げ、ハゼを2尾ずつのせ、3、4回巻き、水で戻したかんぴょうでしばり、2の鍋にすき間なく並べる。
4 みりん以外の調味料、水を鍋に入れ、落とし蓋をして弱火で1時間くらい煮る。仕上げにみりんを回し入れてつやを出す。
5 食べやすい大きさに切って器に盛る。

◎鍋底に敷くしょうがは大根で代用できるが、魚を芯にする場合はしょうがの方が生臭さがとれておいしい。あらめは形やサイズが異なるので、巻いた形もさまざまになる。

◎たくさんつくる習慣のあった地域では、かんぴょうでしばらず煮ており、こちらの方が一般的だった。その場合、鍋はあらめ巻きがきっちり並ぶサイズにする。冷めてからとり出せば、形はくずれない。

〈岡山県〉

昆布巻き

　県の三大河川の一つ、高梁《たかはし》川流域で県南西部に位置する総社《そうじゃ》市周辺でつくられてきた昆布巻きです。焼いたはえ（はやともいう。うぐい、おいかわなどコイ科の小型〜中型の川魚の総称）を芯にする川沿いの地域らしい正月料理です。

　昔は川ではえを釣り、自宅で焼き干しにしたそうです。また、夕方になると地域に回ってくる魚屋さんがいて、はえも気軽に買えました。だんだん川魚がとれなくなり、現在では、はえはなかなか入手できなくなっていて、一般的なスーパーなどではあまり見かけません。とり扱っている岡山市内の水産業者では、毎年秋頃から焼きはえを販売しているのですが、予約が多くてすぐに売り切れてしまうそうです。そのため、家庭によってはししゃもなどの小魚で代用することもあるようです。

　大晦日に重箱に昆布巻きときんぴら、田づくり、五目煮などのおせち料理を詰めて、正月の三が日に食べました。3日間は包丁を持たず、ごみも出さず、働かないというしきたりがあったそうです。

協力＝鍵山松子　著作委員＝我如古菜月

撮影／長野陽一

＜材料＞ 5人分

昆布…約25cm、焼きハエの長さ分の幅で5枚
焼きハエ…20尾程度（400〜500g）
かんぴょう…4〜5本（約20g）
にんじん…1本
砂糖…大さじ6
みりん…大さじ4
酒…大さじ4
醤油…大さじ4
酢…大さじ1

＜つくり方＞

1 昆布は水4カップ（分量外）につけて戻す。戻し汁はとっておく。
2 焼きハエは頭と尾を切る。
3 かんぴょうは塩もみして洗い、しぼってザルにあげておく。
4 にんじんは昆布の幅に合わせて長さを切り、さらに1cmの角切りにして互い違いに十字の切り込みを入れる（写真①）。こうするとばらけない。これを5本つくる。
5 昆布の上に焼きハエを2尾ずつ計4尾、頭と尾を交互に重ねる（写真②）。
6 ハエの上に4のにんじん1本をおいてかたく巻き、かんぴょうで両端2カ所を結ぶ。
7 平鍋に6を並べて昆布の戻し汁を入れる。弱めの中火で10分煮たら調味料を加えて落とし蓋をし、弱火にして煮含める。
8 煮汁がなくなったら火を止めて冷ましてできあがり。

◎かんぴょうは長いままで結び、結んでから切ると無駄がない。

◎密閉容器に入れて冷凍してもよい。食べるときは自然解凍してから切り分ける。

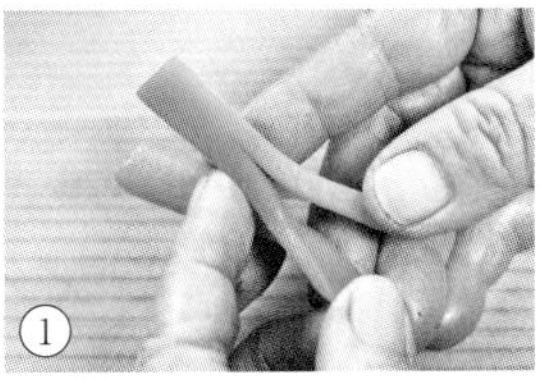

①

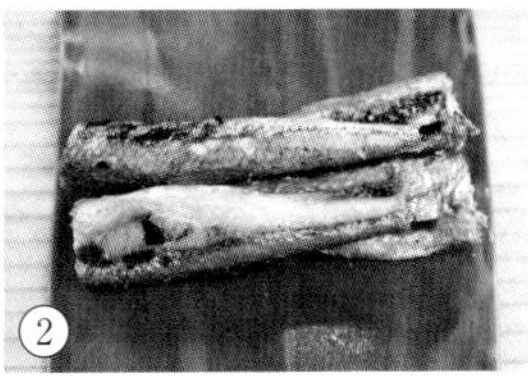

②

〈和歌山県〉

じゃり豆

紀の川中流域の那賀《なか》地方で正月だけにつくられる、黒豆と、高野豆腐や野菜などの含め煮を混ぜ合わせた料理です。黒豆の五目煮とも呼ばれますが、一般的な五目煮とは似て非なるもので、黒豆は黒豆だけで甘く煮て、野菜や高野豆腐はそれぞれ味つけしてから混ぜ合わせます。手間はかかりますが、その分それぞれの素材の味が生きています。

黒豆、高野豆腐、にんじん、ちくわ、こんにゃく、ごぼう、くわいと7種類の縁起のよい旬の食材が彩りよく詰められたお重は、さまざまな色がまるで砂利のように見えることから、この名前がついたようです。じゃら豆と呼ぶ地域もあります。

地元の人の話では、子どもの頃から母や祖母がつくってくれる、正月に欠かせない料理だったそうです。近所でもつくる家は少なくなったということですが、帰省した子どもたちは故郷に戻ってきた気持ちになると懐かしがり、孫も黒豆だけよりじゃり豆が好きといってよく食べるので、年末には娘と一緒につくっているそうです。

協力＝土橋ひさ　著作委員＝三浦加代子

＜材料＞ 20人分

【黒豆】

黒豆…600g（4合）
水…1.6ℓ
砂糖…500g
濃口醤油…大さじ4
塩…小さじ1と1/3
重曹…小さじ1/2
古釘…10本程度

【野菜など】

高野豆腐…5個
にんじん…3本
ちくわ…中2本
A
- だし汁（昆布とかつお節）…450mℓ
- うす口醤油…大さじ2
- 砂糖…1/2カップ強（70g）
- みりん…大さじ4
- 塩…小さじ1

こんにゃく…1枚
ごぼう…3本
くわい…10個
B
- だし汁（昆布とかつお節）…350mℓ
- 濃口醤油…大さじ3
- 砂糖…1/2カップ強（70g）
- みりん…大さじ3
- 塩…小さじ1/3

撮影／高木あつ子

＜つくり方＞

1 黒豆を煮る。鍋に分量の水と調味料、重曹を入れて加熱する。煮立ったら火を止め、洗った黒豆とガーゼに包んだ古釘を入れ一晩おく。

2 1を中火にかける。沸騰してきたら弱火にし、泡（アク）をすくいとる。落とし蓋と外蓋をして、ふきこぼれない程度の弱火で豆がやわらかくふくれるまで3～4時間煮て火を止める。途中、汁が減ってきたら差し水をして豆が汁から出ないようにする。

3 冷めたら黒豆をとり出し、煮汁をきる。

4 高野豆腐は水で戻し5mm幅に切る。にんじんは5mm厚さの輪切りにし、梅型で抜く。ちくわは5mm厚さの輪切りにする。これらをAで煮て、白く仕上げる。

5 こんにゃくは下ゆでし、高野豆腐と同じ大きさに切る。ごぼうは、たわしで皮をこそげ、5mm幅の斜め切りにする。くわいは、芽をとらないようにして皮をむく。これらをBで煮る。煮上がったらくわいは芽がとれないように、別皿にとり出す。

6 4と5の煮汁をきり、3の黒豆と混ぜ合わせて重箱に詰める。くわいを上にバランスよくのせる。

◎黒豆を圧力鍋で煮るときは中火で30～40分加熱し、火を止めて冷めるまでおく。ふきこぼれやすいので注意する。

〈和歌山県〉

じゃじゃ豆

落花生の甘い煮豆と、かやくと呼ばれる別に煮た野菜を合わせたじゃじゃ豆は、みかんの産地として有名な県中部、紀伊水道に面し有《あり》田《だ》川の河口に広がる有田市初島地域の正月料理です。この地域は砂地のため開花期にたくさんの水を必要とする大豆を栽培できず、代わりに乾燥に強い落花生をつくって利用してきました。

料理の名前は、落花生の煮豆とかやくを、じゃっじゃっと混ぜることからついたそうです。れんこん、ごぼう、にんじんなどが入っているので一見、筑前煮のようですが、ふっくらとやわらかく煮えた落花生がなめらかな舌ざわりで、風味とコクを加えています。さらにかやくとの相性がよく、翌日になるとだしをきかせた野菜や高野豆腐の味が落花生にしみて、よりおいしくなります。

家族みんなが好きで箸が止まらなくなるので、正月には落花生1kgを使って煮るそうです。落花生の煮豆は珍しく喜ばれるので、お客様がいらしたときのもてなし料理にもなっています。

協力＝南村尚美　著作委員＝川原﨑淑子

撮影／高木あつ子

＜材料＞ 20人分

【落花生】

生落花生*…1kg
湯（60℃）…2ℓ
重曹…小さじ1
A ┌ 水…2.5カップ
　│ 砂糖…400g
　└ 醤油…大さじ2

*炒っていない乾燥落花生。

【かやく】

高野豆腐…2個
ごぼう…1本
にんじん…1本
干し椎茸…4枚
れんこん…80g
B ┌ だし汁（昆布とかつお節）…1.5カップ
　│ 醤油…大さじ2
　│ 砂糖…大さじ1
　└ みりん…大さじ1

＜つくり方＞

1　薄皮がついたままの生落花生をさっと洗い、重曹を溶かした湯に一昼夜つける。

2　1をそのまま火にかけ、やわらかくなるまで2時間ほどゆでる。圧力鍋なら30分程度で、量が多いので2回に分ける。

3　ゆで上がった落花生を3〜4回水洗いしてザルにあげ、Aの調味液で20分煮る。

4　かやくの材料を切る。高野豆腐はぬるま湯で戻し2cm長さの拍子木切りにする。ごぼうは高野豆腐と同じぐらいの大きさに切り、やわらかくなるまでゆでる。にんじんはいちょう切り、干し椎茸は水で戻しごぼうと同じぐらいに切る。れんこんは大きいまま、浸る程度の水に酢と塩各小さじ1（いずれも分量外）を入れて10〜15分ゆで、皮をむきいちょう切りにする。

5　4をBの調味液で水分がなくなるまで煮る。

6　3の落花生と5のかやくを熱いうちに、鍋をふって混ぜ合わせる（写真①）。冷めてから混ぜると味がなじみにくい。

◎重曹がないときは3%の塩水（温水）に一昼夜浸してゆでる。

〈徳島県〉

れんぶ

　徳島では煮豆というと金時豆が親しまれており、かき混ぜ（五目ずし）やお好み焼きにも入れます。おせち料理の煮豆も黒豆よりは金時豆が多く、正月には甘煮だけを食べるよりも、甘煮と根菜類と一緒に炊いた「れんぶ」が県下全域で食べられてきました。建前《たてまえ》（新築祝い）にも大鍋いっぱいにつくって昼食にふるまいました。

　れんぶは、でんぶ、おでんぶとも呼ばれ、黒豆や大豆を使う地域もあります。根菜類以外には高野豆腐やこんにゃく、地域によっては長寿を願う縁起物である梅干しを入れて炊きます。

　勝浦町では土用干ししてできあがったその年の梅干しを特別にとっておき、それを正月に使いました。梅干しをそのまま入れると塩辛くなるので、前の晩から水につけて塩抜きし、できあがる頃に入れます。甘い金時豆とだしのしゅんだ（しみた）高野豆腐や野菜の中に梅干しの酸味がアクセントになるのでおいしく、梅ばかりをよって食べる人もいるそうです。

協力＝新居和、北山明子、加々美清美
著作委員＝坂井真奈美、松下純子

＜材料＞ 4人分

【金時豆】

金時豆…1/2カップ（80g）
水…1と1/2カップ
黄ザラ（中ザラ糖）
　…大さじ2強（20g）
濃口醤油…小さじ1弱（4g）

【れんぶ】

にんじん…1/4本（40g）
大根…5cm（160g）
里芋…中2個（80g）
ごぼう…1/5本（40g）
高野豆腐…1個（20g）
こんにゃく…1/5枚（40g）
梅干し…2個（16g）
だし汁（煮干し）…1カップ
砂糖…大さじ1強（10g）
うす口醤油…大さじ1/2（9g）
酒…大さじ1/2強（8g）

土用干しした梅干しを、そのまままれんぶ用にとっておいたもの

＜つくり方＞

【金時豆】

1　金時豆を洗い、3倍の水（分量外）に半日以上つける。
2　つけ汁ごと鍋に入れ、一度ゆでこぼす。
3　2の豆と分量の水を鍋に入れ、火にかける。沸いたら弱火にし、豆がやわらかくなるまでゆでる。豆がゆで汁から出るとしわが寄るので、適宜差し水をする。
4　豆が十分にやわらかくなったら、砂糖を入れ10分ほど煮て醤油を加える。
5　火を止め、蓋をして冷めるまでおいて味をなじませる。

【れんぶ】

1　梅干しは前日から水につけて塩抜きする。
2　にんじんは1cm角、大根と里芋は2cm角に切る。ごぼうはいちょう切り、または輪切りにしてゆでる。高野豆腐は戻して2cm角に切る。こんにゃくは塩もみして洗い1cm角に切る。
3　だし汁に2の野菜を入れ、沸騰したら砂糖、醤油、酒を加えて野菜がやわらかくなるまで煮る。
4　1の梅干しと、煮汁をきった金時豆の煮豆を加え、ひと煮立ちさせたらそのまま冷めるまでおいて味をなじませる。

◎金時豆は煮くずれないように最後に入れる。また、梅干しの酸味で他の材料がかたくなるので、これも最後に入れる。

上勝町ではれんぶを大豆でつくる

撮影／長野陽一

〈兵庫県〉

黒豆の煮豆

丹波は兵庫県の中央東部に位置し、海に面していない内陸部です。大納言小豆、栗、とろろ芋など名産品が多いですが、中でも丹波黒大豆(黒豆)は有名です。9月末から10月末までが枝豆の旬です。通常の枝豆よりもひと回り大きく、ゆでて食べると甘味があり、やみつきになるおいしさです。

一方、乾燥豆は葉が枯れた11月終わりに収穫し、さやからとり出し乾燥させて、正月の祝肴に出される黒豆として12月に市場に出されます。日が当たる南側で風通しのいいところに新聞紙を敷き、2~3週間ほど乾燥させ、傷のついたものはよけていいものだけを出荷するそうです。そんな丹波の黒豆の煮豆は口の中でやわらかくつぶれ、上品な甘さが広がります。

黒豆の煮汁は昔から咳止めになるといわれ、近年ではアントシアニンなど機能性成分の豊富さも注目されています。聞き書きした家庭では、そうした煮汁も寒天寄せにして無駄にすることなく食べてきたそうです。

協力＝福井壽子　著作委員＝本多佐知子

撮影／高木あつ子

<材料> つくりやすい分量

黒豆…700g
水…2.4ℓ
砂糖…500g
醤油…50mℓ
塩…大さじ1
重曹…小さじ1
さびた釘*…20〜30本
差し水…1/2カップ×2回

*釘はさらし等でつくった専用の袋に入れ、沸騰した湯で殺菌しておく。

<つくり方>

1 鍋に、水、砂糖、醤油、塩、重曹とさびた釘を袋ごと入れて、沸騰させる。
2 洗った黒豆を1が熱いうちに入れて一晩おく。
3 翌日、火にかけ沸騰したら弱火にし、アルミホイルの落とし蓋をのせて、アクをとりながら7〜8時間煮る。
4 途中、豆が煮汁から出そうになったら差し水をしながら、豆をふっくらさせる。豆がやわらかくなったら火を止め冷まし、味をしみこませてできあがり。

◎より手間をかけるなら　、水5カップと砂糖4カップで新たなシロップをつくり、黒豆の煮汁を好みの分量加えて煮立てたところに、4の黒豆を入れて一晩おくとよい。

◎黒豆をつけたシロップは寒天寄せにして使いきる。粉寒天2gを水100〜150mℓで煮溶かし、沸騰したら弱火にして透明感が出るまで混ぜる。そこにシロップ2〜2.5カップを加えて、再度沸騰したら流し缶に入れて冷やしかためる。黒豆を散らしてもよい。おせちの一品とする。

なます・漬物

ごちそうがそろう正月料理に、さっぱりとして保存もきく、なますや酢漬けは欠かせません。にんじんの赤と大根の白の組み合わせが基本ですが、魚や落花生、柿で旨みやコク、甘味を加えます。真っ赤に染まったかぶや、にんじんだけの酢漬けも色鮮やかです。

〈埼玉県〉

ゆず巻き

県南西部の日高市や近隣の越生《おごせ》町、毛呂山《もろやま》町はゆずの産地として知られており、それぞれの家の庭木にもゆずがあります。ゆず巻きは一般的なおせち料理のなますにあたり、昔から自家製のゆずと大根を使ったゆず巻きが正月の膳に並んでいました。最近はなますをつくる家が多いですが、お年寄りがいる家ではやはりゆず巻きで正月を祝っています。昔は、ゆず巻きに糸を通して2〜3日風通しのよいところに干し、水洗いしたあと2〜3時間水に浸し、大根がパリパリになったら三杯酢に1週間漬け、漬物としても食べていました。

年末、12月30日から大晦日の31日にかけてはおせち料理を準備します。ゆず巻きのほか、自家製のいもや野菜を使って煮物やきんぴらをつくります。雑煮は、正月の祝い膳なのでこんぶとかつお節でだしをとり、醤油で味をつけた里芋の入った「いも雑煮」を食べます。里芋以外には、大根、にんじん、鶏もも肉、小松菜、三つ葉を入れ、もちは焼いた角もちです。

協力＝日高市食生活改善推進員協議会
著作委員＝木村靖子

撮影／長野陽一

＜材料＞ 4人分

大根…400g（10㎝）
ゆずの皮…90g（ゆず2個分）
三杯酢
- 酢…大さじ6
- 砂糖…大さじ2
- 塩…小さじ2

＜つくり方＞

1 大根は皮をむいて3〜5㎜厚さの輪切りにし、ザルに並べてしんなりするまで日なたで半日から1日干し上げる。
2 ゆずの皮をせん切りする。
3 ゆずの皮5〜10gを芯にして、1の干し大根をくるりと巻く。
4 三杯酢をつくり、3の大根を漬けこむ。すぐに食べられるが、2〜3日おくと味がしみこむ。

〈石川県〉

ぶりなます

大根とにんじんの紅白なますは「源平なます」ともいい、通常は薄揚げが使われますが、正月には少し贅沢にぶりを加えた「ぶりなます」が用意されました。脂ののった冬のぶりと酢がほどよく調和しておいしく、酒の肴としても喜ばれます。この他、ぶりの残《ざん》（アラ）やかまを焼き、身をほぐして和える「ぶりかまなます」もつくられます。

今は新鮮なぶりを塩でしめてつくりますが、以前、とくに能登地方は冬に荒天が続くと〝陸の孤島〟になってしまうところが多かったため、魚の保存のためにつくっていた塩ぶりを塩抜きしてなますに加え、正月の膳を楽しみました。

ぶりは出世魚で成長とともに呼び名が変わります。石川県では小さい「こぞくら」は尾頭つきの煮魚として初夏の食卓によくあがります。秋の少し大きくなった「ふくらぎ」からは刺身もおいしくなってきます。晩秋から冬の「がんど」「ぶり」になると刺身、塩焼き、煮魚、ぶり大根と、どう調理してもおいしいものです。

著作委員＝中村喜代美、新澤祥恵、川村昭子

撮影／長野陽一

<材料>4人分

ブリ（刺身用）…80g
塩…小さじ2/3～1と1/3
（ブリの5～10％）
酢…適量（約50mℓ）
大根…5cm（200g）
にんじん…1/4本（40g）
塩…小さじ2/3（材料の1.5～2％）
白ごま…2g
調味酢
- 酢…大さじ1と1/3
- 砂糖…大さじ1
- 塩…小さじ1/5
- だし汁（昆布とかつお節）…大さじ2/3

<つくり方>

1. ブリは表面全体に塩をして一晩おいて身をしめる。酢洗いして小さめのそぎ切りにし、ひたひたにつかるくらいの酢に浸しておく。
2. 大根とにんじんは千六本にし、1.5～2％の塩をして30分～1時間、しんなりするまでおく。
3. 調味酢の材料を合わせる。
4. 大根とにんじんの水けをしぼり、ブリを混ぜて調味酢で和える。盛りつけて炒った白ごまを天盛りにする。

落花生なます

〈静岡県〉

富士山の南西麓にある富士宮市は、落花生が特産です。富士山由来の火山灰土壌は水はけがよく、乾燥に強い落花生が昔から栽培されてきました。収穫した実は、大きいものは乾燥させ、小さいものや商品になりにくいものは塩ゆでして食べたそうです。今は、夏から秋にかけて新鮮な生の落花生が地元の直売所などで売られており、だれでも食べることができます。

なますには、炒った落花生を使います。脂肪分の多い落花生を加えると、あっさりとした甘酢に脂質のコクと炒り豆の香ばしさが加わり、味がまろやかになります。炒り落花生は年中手に入りつくり方も簡単で、子どもよく食べるので、家庭料理として定着したようです。

なますの切り方は、昔は祝儀のときには比較的太いせん切りに、不祝儀のときには細いせん切りにしました。それを間違えるとおおごとなので調理には非常に神経を使い、お嫁さんや子どもたちにもそれを伝えてきたそうです。

協力＝野村陽子
著作委員＝新井映子、伊藤聖子

撮影／五十嵐公

＜材料＞ 4人分

大根…1/4本（250g）
にんじん…1/3本（50g）
塩…小さじ1弱（5g）
炒り落花生（殻なし）…60g
酢…大さじ2
砂糖…大さじ1弱（8g）
塩…少々

＜つくり方＞

1 大根とにんじんは皮をむいてやや太めのせん切りにする。塩をふって軽くもみ、10分程度したら水洗いして水けをよくしぼる。
2 落花生は薄皮をむく。すり鉢に落花生を入れてすりこぎで粗くつぶし、酢、砂糖、塩を加え、落花生の粒がやや残るくらいまでする。
3 2に1の大根とにんじんを加え、ほぐしながら混ぜ合わせる。

撮影／高木あつ子

〈京都府〉
古《こ》老《ろ》柿《がき》なます

京都南部は寒暖差や地形が茶の栽培に適した土地で、茶どころになっています。その中で宇治田原町は冬の乾燥した気候を利用してつくる干し柿「古老柿」も有名です。

宇治田原の古老柿はつるして干すのではなく、刈りとった後の田んぼに組まれた「柿屋」と呼ばれる、わら屋根のついた棚に並べて干す珍しいつくり方です。干された柿は、箕《み》や専用の機械でふるい、糖が白く粉をふくように仕上げます。柿屋は冬の風物詩でもあり、柿を干すだけでなく、むいた柿の皮を干したり、干しいもをつくったりと、自家用のおやつをつくる場所でもあったそうです。

古老柿は商品として出されるので、つくっていても口にできるのは、正月のなますのときだけだったと聞きました。なますに古老柿を加えることで、甘味に深みが増すようです。レシピで使用する干し柿が5個となっており、多いように感じるかもしれませんが、これは古老柿が鶴の子という小ぶりの柿を干したものだからです。

協力＝綴喜地方生活研究グループ連絡協議会
著作委員＝豊原容子、坂本裕子

＜材料＞4人分

大根…6cm（250g）
にんじん…1/3本（50g）
塩…小さじ1
古老柿（干し柿）…5個（正味約80g）
┌ 酢…大さじ3
└ 砂糖…大さじ2強（約20g）
白ごま…大さじ2

＜つくり方＞

1 大根とにんじんは4〜5cmのせん切りにし、塩を加え混ぜ合わせておく。
2 古老柿は縦に切り、種をとり除き、大きめのせん切りにしておく（写真①）。
3 酢と砂糖を混ぜ合わせる。酸っぱいのが苦手な場合は、酢の分量のうち一部を水またはだし汁に替えてもよい。ただし日持ちは短くなる。
4 1の大根とにんじんを軽くしぼり、古老柿、ごまを加え、3の甘酢を加えて和える。ごまの一部を盛りつけ時の天盛りにしてもよい。

①

柿なます

〈奈良県〉

山添村は奈良県の北東部、三重県との県境に位置する高原の村です。夏は冷涼、冬は厳寒な気候です。柿なますは、秋冬の家庭料理の常備菜として、また正月の祝い膳には必ずといっていいほど出される一品です。

なますに使う柿は、秋には生の柿を、それ以外の季節では干し柿や柿ゆべしなどを利用します。干し柿の紅色は紅白なますに彩りを添えるのに適しているだけでなく、その甘さでさっぱりしたなますに甘味が加わり、特徴的な味となります。にんじんを入れることもありますが、それは干し柿の分量が少ないときで、にんじんは色目の調整役と考えられます。西洋にんじん、金時にんじん、どちらも使います。

干し柿にするのは小ぶりの渋柿で、「鶴の子柿」という品種です。なますに生の柿を使う際は富有柿などの甘柿を使います。山添村のほか、奈良盆地(奈良市、大和高田市)などでもつくられており、柿の産地ならではの料理です。

協力＝中山容子、稲田智子
著作委員＝喜多野宣子

撮影／五十嵐公

＜材料＞ 4人分

干し柿
…小2〜3個(縦5cm×幅3cm程度)
大根…600g (1/2本)
塩…小さじ1/2
砂糖…大さじ2
酢…大さじ2

＜つくり方＞

1 干し柿の種をとり除くために縦半分に切り、せん切りにする。はさみで切ってもよい(写真①)。
2 大根は皮をむき、せん突きで突く。包丁でせん切りにしてもよい。塩でもみ30分ほどおく。
3 **2**に砂糖、酢を加えて混ぜたあと、大根の水けをしぼってきる。しぼり汁はとっておく。
4 **3**に干し柿を加えて和える。具がかたくまとまっているので、**3**で出た大根のしぼり汁を適宜加え混ぜながらほぐす。

撮影／高木あつ子

＜材料＞ 4人分

にんじん…1本
酢…1カップ
砂糖…大さじ2
塩…小さじ1/2強
好みでうす口醤油…少々

＜つくり方＞

1 にんじんをよく洗い、4〜5cm長さに切り、それを縦に1cm厚さに切る。
2 鍋ににんじん、酢、砂糖、塩を入れ、にんじんの歯ごたえが残る程度に煮る。
3 ホーローや陶器製の容器で保存する。

◎酸味をおさえ歯ごたえをやわらかくしたいときは、酢の半量を水に置き換える。

〈宮崎県〉

酢にんじん

酢にんじんは、にんじんを甘酢でさっと煮たもので、宮崎県の平野部で昔から日常食や正月料理の一品とされてきました。つやのあるにんじんは彩りに欠かせず、酢で煮てあるので保存もききます。この地域では正月料理には紅白なますではなく酢にんじんをつくりましたが、県内の他の地域では酢にんじんをつくる習慣はあまりないようです。

にんじんは写真のように縦に大きく切ることもあれば、短冊切り、斜め切り、輪切りと家庭によって違いますが、いずれも厚めに切り、煮すぎないようにします。この料理は歯ごたえがとても大切で、やわらかいとおいしくないのです。

昔は正月には酢にんじんと、酢あじなどの酢じめの魚（酢魚《すざかな》）、赤と白のかぶの酢漬け、塩数の子、金時豆の煮物、煮しめをつくりました。保存がきく酢魚、酢にんじんなどはたくさんつくり、三が日を過ぎてもしばらく食べ続けます。来客があると酢魚に酢にんじんを添え、焼酎でもてなしました。

協力＝岩切元子
著作委員＝磯部由香、長野宏子

〈愛媛県〉

緋《ひ》のかぶら漬け

松山周辺の正月料理で、だいだい酢を使ったさわやかな甘酸っぱさと鮮やかな緋色が特徴のかぶの浅漬けです。赤色が正月の縁起物として好まれます。12～1月と旬の短いかぶと、正月飾りにもするだいだいを使った地域・季節限定の料理です。正月用に漬けて1月中に食べきります。

緋のかぶは、江戸時代初期に松山藩二代藩主蒲生忠知が、郷里の近江(滋賀県)の日野村から種をとり寄せたのが始まりといわれています。砂地がかった土を好み、昔は松山城が見える範囲でないとつくれないといわれ、松山市でも限られた地域で栽培されていましたが、今は松山近郊でも栽培されています。年末に松山平野の店にしか並ばない地野菜です。

だいだいは、「代々続く」といって城下町の松山では各家に植えられていたようです。緋のかぶは、かぼすやレモンなどの柑橘酢でも染まりますが、だいだい酢でないと濃い緋色が出ないため、かぶら漬けには欠かせない食材です。

協力＝門田眞知江、西村恭子
著作委員＝皆川勝子

<材料> つくりやすい分量

緋のかぶ*…正味1kg(直径9cmの球5個程度・茎葉も使える)
塩…50g
┌ だいだい**
│ …2個(だいだい酢150mℓ)
└ 砂糖…100g

*緋のかぶ。表皮から2～3mmは暗紫色だが、中は白い。茎もおいしい。

**臭橙(かぶす)と回青橙(かいせいとう)の2品種をいずれもだいだいと呼ぶ。写真は回青橙で冬は橙色になる。とらずにおくと翌夏に緑色に戻り、冬に再び橙色になる。1本に新旧の実がなり「代々栄える」縁起物とされる。

<つくり方>

1 緋のかぶはきれいに洗い、根の先端はとり除き、茎葉は付け根で切りはずす。かぶの球部分は、皮の傷んだ部分を切りとる(写真①)。茎葉も好みの量を、同様にきれいにし、小口切りにする。
2 かぶは丸のまま、大きいものは縦半分に切り、一晩たっぷりの水につけて、アクを抜く。茎葉もつける。
3 水から引きあげて洗い、丸ごとのかぶは縦半分に切り、さらに0.3～0.4cm厚さに縦に切る(写真②)。
4 塩を全体にまぶして、かぶ・茎葉と同重量の重し(1kg)をして2～3日おく(塩漬け)。
5 4を手でしぼって水けを十分きる(写真③)。
6 だいだいの汁(だいだい酢)をとる。だいだいの中央部分の皮を帯状にむいてから、横半分に切るとしぼりやすく、だいだいの苦味も出ない(写真④)。ザルでこして種をとり除く。
7 鍋に砂糖とだいだい酢を入れて混ぜ、火にかけて砂糖を溶かす(写真⑤)。風味が飛ばないように、砂糖が溶けたらすぐに火を消して冷ます(調味酢)。
8 5の水けをきったかぶ・茎葉に7をかける(本漬け)(写真⑥)。すぐにかぶ・茎葉が赤色に染まり始める(写真⑦)。調味酢につかっていない部分は色づきが悪いので、ひたひたにならない場合は調味酢をつくって足す。
9 緋のかぶが深い緋色になってからさらに2～3日後が食べ頃(写真⑧)。口に入れると上品な甘酸っぱさが広がる。1週間ほどすると味が落ち着く。冷蔵庫で1カ月くらい保存可能で、だいだい酢の風味がよいのは1～2カ月程度である。

◎2のアクを抜く工程では、アクや苦味がよく抜けるといって米のとぎ汁につける人もいる。

◎8は、塩漬けしたかぶに砂糖をまぶして2日ほどおき、だいだい酢をかける方法もある。

◎茎葉を多く使いたい場合は、長いまま、別容器で同様に漬け、盛りつけ時に切る。

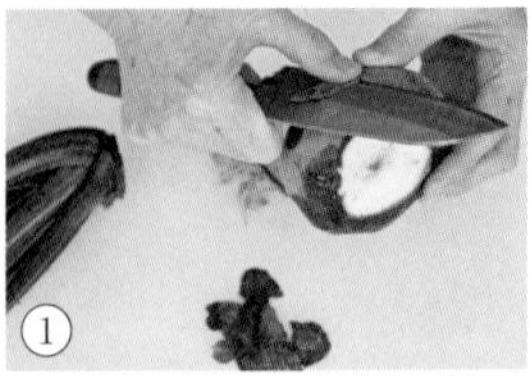

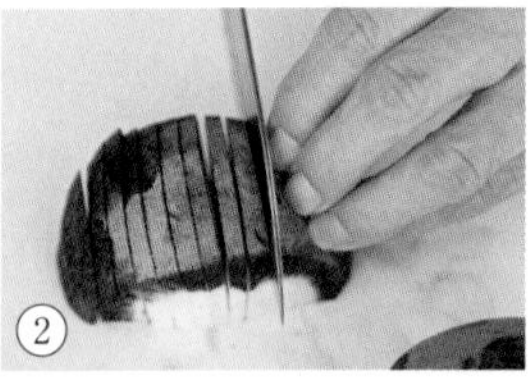

撮影／五十嵐公

正月の料理に魚はつきもので、正月魚、年取り魚とも呼ばれます。東の鮭、西のぶり、京阪の鯛と地域ごとに傾向があります。その土地でとれる魚を用いる場合もあれば、おめでたいからこそ、遠来のものを食べる場合もあります。

ここにあがっている魚のほかにも、たこやえびやいか、川魚のふな、こいなどもあります。魚の代わりに鶏肉や豚肉などを食べる、正月魚がない地域もありました。

年取りと正月の魚いろいろ

それぞれの地域で正月にどんな魚を食べていたのか。
昭和戦前期に聞き取りされた範囲で、
各都道府県の特徴のあるものを一覧にした、
表の一部を紹介します。

出典／奥村彪生著『おくむらあやお ふるさとの伝承料理 11 わくわく お正月とおもち』（農文協）

		塩鮭			塩ぶり		棒だら		塩いわし		鯛	その他					
			氷頭	腹子		ぶり		たら		いわし		身欠きにしん	さめ	他			
北海道														そい	ます	ほっけ	
東北	青森													かながしら	塩ます		かれい
	岩手													にしん	はたはた	きんき	なめたかれい
	宮城													どんこ きちじ	かながしら	かつお まぐろ	なめたかれい
	福島																なめたかれい
	秋田													ぶりこ	はたはた		
	山形													かすべ	はたはた		かれい
関東	群馬																
	栃木																
	茨城													あかじ（きちじ）			かれい
	千葉														まぐろ		
	埼玉																
	東京															たかべ	こうなご
	神奈川													あじ	塩ます		
中部	新潟							焼きたら						あじ	ふぐ		
	富山													かじき	はちめ（めばる）	さば	
	石川													ふぐ	にしん	さば	ずわいがに
	福井													にしん	はたはた	さば	べたかれい
	山梨								目刺し					塩さんま			なまり節
	長野															さんま	
	岐阜													さんま			にしん
	静岡																塩がつお
	愛知								干しいわし					さんま	このしろ	塩すずき	
近畿	滋賀														塩さば		
	京都														えい	生節	ほうぼう
	大阪													まながつお	塩さば	うなぎ	さごし（さわら）
	兵庫								目刺し					あなご	塩ます	さば	ひらめ
	奈良								干しいわし						さんま	さば	
	和歌山										ぶだい			さんま あじ	かつお	はも皮	しび まぐろ
	三重													さんま	あじ		
中国	岡山																ひらご
	広島													にしん	あじ	さば	しいら
	山口														甘鯛		
	鳥取					はまち			干しいわし					ふぐ		さば	塩ます
	島根										小鯛			塩さば	しいら		赤貝
四国	香川								目刺し						ぼら		さわら
	愛媛																
	徳島					はまち			目刺し					あじ	ぼら		
	高知								丸干し					くえ	甘鯛	さば	まぐろ
九州	福岡																
	佐賀													ちぬ	塩さば		
	長崎													かつお			ひらす（ひらまさ）
	熊本													あじ	すべっこ（かわはぎ）	いさき	このしろ さば
	大分													あじ	ぼら	こち	
	宮崎						干だら							よこわ（黒まぐろ稚魚）	あじ		赤魚火干し
	鹿児島													かんぱち	さば	かつお	たかさご
	沖縄													ぐるくん	かじき		

煮物・煮しめ

いもや根菜、山菜やちくわにかまぼこ、魚などをたっぷり使った煮物には、子孫繁栄や長寿と健康の願いをこめためでたい食材が並びます。三が日は料理をしなくてもよいようにたっぷりつくり、煮返して食べながら正月をゆっくりと過ごしました。

〈岩手県〉

煮しめ

重箱にぎっしり詰められているのは、ぜんまいの一本煮、凍み大根や凍み豆腐、うど、身欠きにしんなど。秋田との県境にある西和賀では、盆や正月、祭りや冠婚葬祭などには乾物や塩蔵の山菜などを大鍋で煮て、必ず煮しめをつくります。

上にのっているのは、ぜんまいです。普段の煮物では食べやすいように切りますが、若葉がお金のように丸い形のぜんまいは縁起物とされ、冠婚葬祭や正月など人が多く集まるときには一本煮にして、験《げん》かつぎに切らずに食べます。

山菜の乾物や塩蔵物は、丁寧に下処理をして十分に戻すことで雑味がなく、だしや一緒に煮る食材の旨みがしみこみおいしくなります。ただし戻しすぎても歯ごたえや旨みが損なわれてしまいます。塩蔵うどは銅鍋で調理して、鮮やかな緑色に仕上げます。山菜は、春の収穫時の処理の仕方でおいしさが変わります。収穫後はできるだけ早く処理をする、塩蔵物は塩をけちらずたくさん使うことが上手に保存するポイントだそうです。

協力＝佐々木美代子、児玉たえ子、児玉美穂子　著作委員＝渡邉美紀子

<材料> 10人分

乾燥ぜんまい（または干しわらび）…30g
塩蔵うど…5〜6本
凍み大根…1〜1.5本（50〜70g）
凍み豆腐（高野豆腐）…5個
にんじん…1本
身欠きニシン（ソフトタイプ）…10本
椎茸…10枚
早煮昆布…2本（20g）
こんにゃく…1枚
水…1ℓ
昆布…15g
かつお節…10g
醤油…3/4カップ
みりん、酒…各1/2カップ
砂糖…大さじ2と2/3強（25g）
塩…適量

西和賀の凍み大根はゆでたり、水にさらしたりしないので茶色いが旨みが濃い。味がしみやすく煮くずれしにくく、適度な歯ごたえがあり煮しめに重宝する食材

<つくり方>

1 乾燥ぜんまいはぬるま湯に15分浸し、手でもみほぐす。湯をとり替えながら、3回繰り返したら鍋に移し、水を加えて火にかける。ひと煮立ちしたら火を止めて一晩おく。根をそろえて束ね、1本のぜんまいをひもにして真ん中より根元側を結び、根元を切りそろえる。
2 塩蔵うどは、あれば銅鍋に水とともに入れ火にかける。沸騰したら火を止めて10〜15分おき、うどの色が鮮やかになったら、差し水をして湯の温度を下げ一晩おく。水をとり替え、塩分が抜けたら、長さ5cmに切る。
3 凍み大根はぬるま湯に10分浸し、手でもみながら戻す。水けをしぼり長さ5cm、縦に2〜3等分に切る。
4 身欠きニシンは米のとぎ汁（分量外）に30分つけておく。エラを落とし、1本を半分に切る。
5 凍み豆腐はぬるま湯で戻し、半分に切る。にんじんは大きめの乱切り、椎茸は軸を切り落とす。こんにゃくは10等分にして真ん中に切り目を入れて結ぶ。早煮昆布はさっと洗い、しんなりしたら端から結び目を10個つくり、切り分ける。
6 昆布とかつお節でだしをとり、塩以外の調味料を入れる。
7 6に身欠きニシンを入れて中火で5分煮て、いったんとり出す。
8 ぜんまい、うど、凍み大根、凍み豆腐、椎茸、こんにゃくを入れて強火にし、煮立ったところでにんじんを加える。
9 中火で20分ほど煮こみ、にんじんがやわらかくなったら、塩で味を調え、身欠きニシンを戻し入れて2分ほど煮る。
10 火を止めて、そのまま味をなじませる。食材ごとに盛りつける。

◎ぜんまいを煮立たせすぎると、やわらかくなりすぎて歯ごたえがなくなる。

凍み大根づくり。大根の皮をむいて縦半分に切り、ひもを通して軒先などにつるす。夜間に凍った大根が日中とけて、その繰り返しで乾燥する。1カ月以上寒風にさらす

左上から時計回りに凍み大根、うど、にんじん、昆布、身欠きにしん、こんにゃく、椎茸、凍み豆腐。上にのっているのはぜんまい

撮影／奥山淳志

〈山形県〉

ひょう干しの煮物

ひょうは、スベリヒユのことです。他所では雑草とされる野草をゆでて干して保存し、おもに雪におおわれて野菜が不足する冬の食料としてきました。現在でも、正月には「今年、ひょっとしてよいことがありますように」と縁起をかついで食べます。

夏には生のひょうをゆでて辛子和えなどで食べますが、土用が過ぎ、つぼみが出るとかたくなり酸味が増すので、採取は7月中旬まで。ひょう干しにするのは土用の午前中に摘むのがよいといわれていました。

山形にはいろいろな乾物があります。春にとう（花茎）を何回も摘んで食べるくきたち、夏にたくさん実をつけるなす、山菜のあけびやぜんまい、わらびなどを冬に備え、または食べきれない分を加工してきました。他の保存方法に比べ、乾物は手間がかかりますが、最も安価にできて保存性も高いことから重宝されました。また、生とは異なる旨みをもつこともあり、乾物の食文化が連綿と続いています。

協力＝鈴木和子、佐藤みや
著作委員＝齋藤寛子

<材料> 4人分

ひょう干し*…30g
にんじん…1/3本（50g）
ごぼう…1/4本（50g）
油揚げ…2枚
糸こんにゃく…100g
打ち豆…30g
油…大さじ1と1/2
醤油…大さじ2と1/2
酒…大さじ2
砂糖…小さじ1/2
みりん…大さじ1
ごま油…小さじ1
水…適量

*ひょう（スベリヒユ）をさっとゆでてからすだれなどに広げて天日で干し、乾燥させたもの。

撮影／長野陽一

<つくり方>

1 ひょう干しを軽く洗い、しばらく水に浸す。水をきり、大きめの鍋に入れ、たっぷりの水を入れて火にかけ、沸騰したら火を止める。
2 ゆで汁が冷めて手を入れられるくらいの温度になったら、ゆで鍋の中でかたい部分をもみ、そのままゆで汁に一晩つけておく。
3 翌日、戻したひょう干しをザルにあげ、水を換えて洗う。かたい部分はとり除き、食べやすい長さに切る。
4 にんじんは食べやすい大きさに切り、ごぼうは大きめのささがきにする。油揚げは熱湯をかけて短冊切り、糸こんにゃくはゆでて食べやすい長さに切る。打ち豆は軽く洗う。
5 厚手の鍋に油を入れて火にかけ、ひょう干し、にんじん、ごぼう、糸こんにゃくを油がなじむように炒める。
6 油揚げ、打ち豆を加え、全体が浸る程度の水を入れて煮る。
7 やわらかく煮えてきたら、調味料を入れ、落とし蓋をし、弱火で煮含める。
8 最後にごま油を回し入れる。

◎ちくわやさつま揚げなどの練り物を入れることもある。

＜材料＞4人分

串魚（くしよ：乾燥川魚ハヤ）
…4尾（1尾約70g）
長芋…16cm（240g）
ごぼう…太め約10cm（40g）
にんじん…太め約10cm（100g）
昆布（10cm角程度）…1枚
油揚げ…4枚
舞茸…80g
串魚を浸した水…880mℓ
醤油…大さじ2と1/2弱（43g）
酒…大さじ1弱（12g）
みりん…大さじ3/4強（14g）
塩…小さじ2/3
酢…少々

撮影／長野陽一

＜つくり方＞

1 串魚はさっと洗ってたっぷりの水（分量外）に5分ひたす。
2 長芋はひげを火で焼き切り、洗って皮つきのまま長さ4cmくらいの輪切りにする。
3 ごぼう、にんじんは皮をむき、5cm程度の長さに切りそれを斜めに半分に切る（計4個できる）。
4 昆布は水で戻し、縦に4つに切り形よく結ぶ。油揚げは湯通しして図のように切る。舞茸は洗って4つに分ける。
5 串魚を浸した水を分量とり、その水で串魚を弱火で5分ほど煮る。その後静かに引き上げる。
6 5の煮汁にごぼうと昆布を入れて、醤油を半量加え中火で10分煮る。
7 にんじん、長芋、舞茸を加え、残りの調味料を全部入れて弱火で10分煮る。
8 油揚げと串魚を入れ、ひと煮立ちしたら火を止め一晩おいて味を含ませる。
9 食べる直前に火を通す。

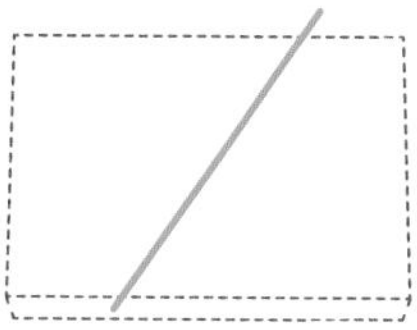

油揚げの切り方

〈福島県〉

おひら

会津地方の只見《ただみ》町にのみ今も伝わる郷土料理です。平椀に盛るので「おひら」と呼ばれます。大晦日に歳神様を迎える祝いの膳につけられます。昔の冠婚葬祭にも欠かさずにつくられました。

材料から盛りつけ方まで、すべてに意味があります。椀には「根のもの、土のなかで育つもの」であるごぼう、にんじん、長芋から先に入れ、次は「海のもの」として結び昆布。次に「土の上で育つもの」でまいたけ、その上に「畑のもの」大豆でつくった揚げ豆腐。最後に「川のもの」の串魚が丸ごとのります。大地と海・川の幸を順番に入れ、自然と人との営みをそのまま表しているのです。

魚は産卵期の春にとった川魚のうぐい（はや）です。産卵期には腹が赤くなるのでアカハラとも呼ばれます。囲炉裏で焼き干しにし、「まるべんけい」というわらで編んだ器に刺して冬まで保存しました。寒さ厳しい大晦日に春の魚を食べられるようにする、昔ながらの知恵です。

協力＝角田ヨシエ、平野祥子
著作委員＝會田久仁子

〈栃木県〉

八つ頭の煮物

正月料理には、いも類の煮物がおせち料理としてあげられます。栃木県では里芋は雑煮に入れることが多く、煮物は八つ頭でつくることが多いです。ぬめりが少なく、でんぷん質のホクホクした食感が好まれるのです。八つ頭のゴツゴツと頭が出たような見た目から、頭を出す＝立身出世を願ってつくられるともいいます。

普段はいもの煮物も里芋でつくり、醤油と砂糖で甘辛く味つけし、見た目も茶色に仕上げます。一方、八つ頭の煮物は昆布のだしで、味は塩で薄くつけ、醤油は色づけ程度に用います。甘味も薄く、いも自体の甘味で仕上がっているようで品がよく、ハレの日の特別感があります。

八つ頭のでき具合は外観からは判断しにくく、ひとこぶ切りとり、皮をむいてみると、いもの質を判断できます。赤い筋や黄色いしみのようなものがあると、煮てもかたくておいしくありません。真っ白の表面をみると、ホクホクした仕上がりになることがわかるのです。

著作委員＝名倉秀子、藤田睦

撮影／五十嵐公

＜材料＞4〜8人分

八つ頭…400g（皮つき600g）
だし昆布…3g
水…1〜2カップ(いもがかぶるくらい)
砂糖…大さじ1と1/2
酒…大さじ1
みりん…大さじ1と1/2
塩または醤油…少量（塩小さじ1/5、または醤油小さじ1）
ゆずの皮…適量

＜つくり方＞

1 八つ頭は、こぶのように出ているいもを切りとり、適当な大きさに切る。皮をむいて面とりをし、水にさらす。
2 鍋に八つ頭と、いもがしっかりかぶるくらいのたっぷりの水（分量外)を加えてゆでる。
3 沸騰して1分後に火を止め、水にとり、ぬめりを除きながら洗う。
4 鍋に昆布を入れ、八つ頭を入れ、1〜2カップの水を加えて煮る。
5 沸騰したら火を弱め、砂糖、酒を加える。落とし蓋をして約5分、弱火で煮る。
6 いもを上下入れ替えてさらに約5分煮る。途中で、いもにひび割れが出てきているかを確認する。
7 いもにひび割れが生じたら、みりん、塩または醤油を加えて、さらに3分煮る。
8 鍋の中でいもの上下を入れ替えて一晩おく。翌日に鍋から重箱または器に盛りつける。
9 せん切りまたはおろしたゆずの皮などをふりかける。

撮影／高木あつ子

＜材料＞4人分

里芋…中4個（350g）
鶏もも肉…100g
サケ切り身（生）…60g
イクラ…大さじ2（40g）
干し貝柱…10g
にんじん…1/4本（40g）
ごぼう…15cm（30g）
干し椎茸…4枚（30g）
ゆでたけのこ…70g
かまぼこ…50g
こんにゃく（白）…1/3枚（100g）
さやえんどう…8枚（20g）
ぎんなん（殻つき）…8個（30g）
だし汁（かつお節）…3カップ
貝柱と椎茸の戻し汁…1カップ
みりん…大さじ1
塩…小さじ1/2
醤油…大さじ1/2

名産地五泉市の里芋。大きいもので13～15cmほどの長径になる

＜つくり方＞

1 里芋は皮をむいて塩（分量外）をふって軽くもみ、水洗いして1×3cmの拍子木切り、または短冊切りにする。ごぼう、にんじん、こんにゃく、たけのこ、かまぼこも同じように切る。切り方、大きさはそろえる。
2 ごぼうは酢水にさらしてアクを抜き、さっと水で洗う。にんじんとともにゆでる。
3 ゆでたけのこは熱湯を通して洗う。
4 こんにゃくはアルカリ味を抜くために熱湯でさっと下ゆでする。
5 鶏肉、サケはひと口大に切る。貝柱は丸のまま水に戻し、干し椎茸は水に戻して短冊に切る。貝柱と椎茸の戻し汁は1カップとっておく。
6 ぎんなんは殻に隙間を入れ、水を2滴ほど垂らして紙で包み、電子レンジで1分加熱して殻と薄皮をむく。
7 さやえんどうはゆでて斜めに切る。
8 鍋にだし汁、貝柱と椎茸の戻し汁を入れて温め、里芋、鶏肉、サケ、貝柱、椎茸を加えて加熱する。沸騰してきたら火を少し弱めて、ごぼう、にんじん、たけのこ、こんにゃく、ぎんなん、かまぼこを加えて煮る。5分ほどで七分通り火が通ったら、アクをとりながら、みりん、塩、最後に醤油を加えて5分ほど煮る。煮上がりにさやえんどうを散らして火を止める。
9 器に盛り、イクラをのせる。

◎里芋がやわらかくなったら、煮くずれないように加熱しすぎに気をつける。あまりかき混ぜない。

◎みりんと塩を入れて味をつけた後に、醤油は色がつく程度に加える。外観の美しさと同時に、汁が澄んでいることが大切。

〈新潟県〉

のっぺい

のっぺいは県全域でつくられる代表的な郷土料理ですが、地域ごとに特色があります。新潟市近郊では里芋が中心で、祝いごと用と仏事用を区別します。正月用には10種類くらいの材料の中に生鮭、鶏肉、いくらが入り正月料理の主役級の存在です。祝いごとでは材料を拍子木切りか短冊切りにします。仏事用には精進仕立てでれんこん、油揚げが入り、野菜は乱切りか三角切りにし、法事では細い短冊切りなどとつくり分けます。里芋のとろみの中にたくさんの食材のテクスチャーを楽しむことができます。

上越地域では汁ものとして食べる「のっぺい汁」がつくられます。中越地域ではでんぷんやなめこでとろみが強く「のっぺ」「こくしょう」「ざくざく煮もん」などと呼びます。下越の村上では「大海《だいかい》」といって里芋は入れず、鶏肉を入れ、蓋つきの朱塗りの容器に盛ります。佐渡では「おおびら」と呼びふるまい膳に必ずつき、野菜は乱切りにし、うずら豆、白玉もちを加え、でんぷんでとろみをつけます。

協力＝渡辺みのり　著作委員＝佐藤恵美子

〈新潟県〉
正月煮もん

大皿に盛られた煮物は、これが1人分です。大晦日の年取りから正月三日まで味わいます。長岡市内の豪雪地帯、山古志《やまこし》地区で長年つくられてきて、「正月のごっつぉ(ごちそう)」ともいいます。

くずれやすい豆腐だけは別鍋で煮含め、それ以外の食材は一緒に煮て味を調えて、1人分ずつ盛りつけます。具の数は集落や家庭により異なりますが、「はぐれ者が出る」奇数を避け偶数になるように、あるいは「切れない縁」という縁起かつぎで奇数になるように、何回も勘定し直して確認します。そのため「かんじょう煮もん」と昭和初期頃までは呼ばれました。

大晦日には早めに入浴をすませ新しい服に着替えて、特別に玄関の鍵をかけ、15時頃から家族だけで「正月煮もん」をはじめ年取り料理を座敷で厳かに味わいました。棚田の重労働でとれた白米のご飯、豆腐の醤油汁、塩引き鮭、自家製の納豆、紅白なますは必ず準備し、にしん大根や昆布巻き、きんぴらなどが加わることもありました。

協力＝五十嵐喜代、五十嵐なつ子、長島定、奥村悠香　著作委員＝太田優子

＜材料＞4人分

スルメ…4枚(320g)
豆腐…1丁(400g)
車麩…4枚(40g)
八つ頭…8個(正味400g)
長芋…長さ15cm(280g)
じゃがいも…8個(800g)
さつまいも…1本(280g)
こんにゃく…1枚(240g)
ごぼう…2/3本(80g)
にんじん…1/2本(80g)
れんこん…4/5節(160g)
くわい…8個(240g)
栗…8個(正味160g)
昆布(乾燥)…8cm角1枚(8g)
かんぴょう…12g
干し椎茸…8枚(24g)
だし汁
- 干し椎茸の戻し汁…1ℓ
- 水…2ℓ

醤油…1カップ
みりん…1/2カップ
砂糖…1カップ弱(120g)
酒…小さじ1
塩…小さじ1

＜つくり方＞

1 食材は、スルメと車麩を除き1人分2切れ(2個)ずつになるように大きめに切る。短冊切りや輪切りにする食材は、およそ1cmの厚さにそろえる。

2 スルメは、乾燥したままエンペラと足を胴体に折りこみ、丸める。表面を鹿の子切りにし4個つくる。腹側1cmほどを水でやわらかくし、竹串で止めて亀の形に整える。

3 豆腐は厚さを2等分にして、斜め半分に切り三角形にする。車麩は水に戻してから、よくしぼる。

4 長芋、ごぼう、にんじんは短冊に切る。こんにゃくは短冊に切った中央に切り目を入れて、端から切り目に巻きこんで手綱こんにゃくにする。

5 1個ずつに分けた八つ頭とじゃがいもは、1人分2個ずつ大きさをそろえて選び、皮をむいて、水にさらす。

6 皮をむいたれんこんと、皮つきのさつまいもは1cmほどの厚さの輪切りにして、水にさらす。

7 かんぴょうは、ぬるま湯で戻して水けをしぼり、長さ40cmほどに切り、二重の輪をつくり結ぶ。

8 くわいは、1cmほど芽を残して皮をむき、水にさらす。栗は鬼皮と渋皮をむいて、水にさらす。

9 干し椎茸は水で戻したあと、軸を除いて、戻し汁をだし汁にする。昆布は水で戻して、やわらかくなったら縦に8つに切って結び昆布にする。

10 大鍋に、だし汁と調味料を入れて、スルメと椎茸、結び昆布、手綱こんにゃくを加えて中火にかけ、沸騰手前で、いも類、くわい、栗、根菜類、結びかんぴょう、車麩を入れて、弱火にして、ことことと煮含める。

11 くずれやすい豆腐は10の煮汁を別鍋にとり分けて煮含める。

12 豆腐、結びかんぴょう、車麩など、やわらかくなった食材から順に、形をくずさないように注意してとり出す。

13 1人分として直径30cmほどの平皿の中央に車麩を、その上に豆腐とかんぴょうを順に重ね、その上部には形を整えた鶴または亀の形のするめをおき、他の食材は色彩と形のバランスを考えながら左右対称に2個ずつ盛りつけていく。

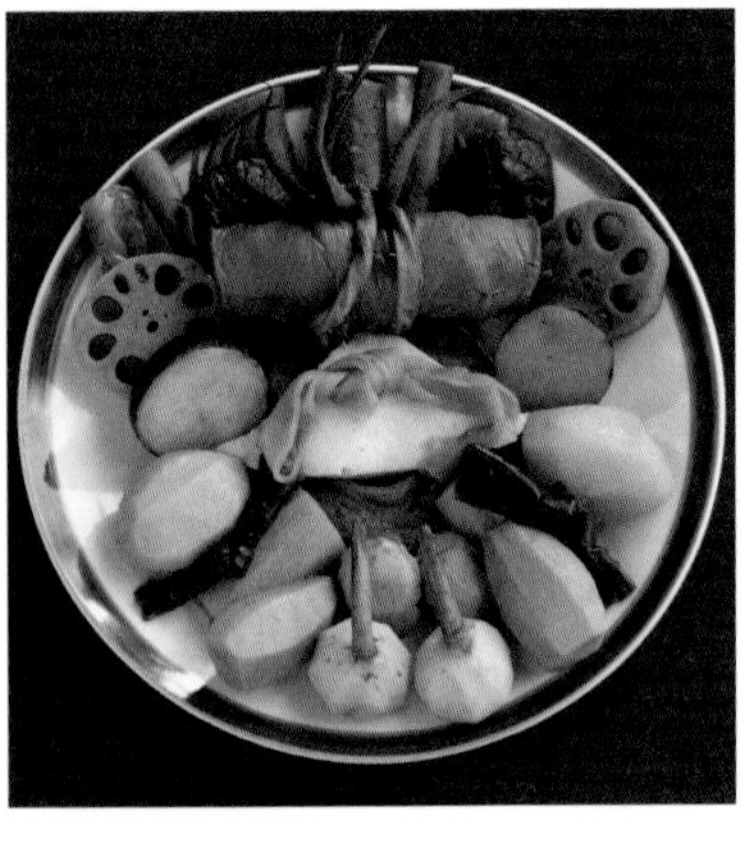

こちらのスルメは、「鶴」。エンペラから順に巻いて、最も長い触腕2本で結び、鶴の形に。巻いた部分を広げた翼、右へ向いた足を頭と首、左に広がる足を尾羽に見立てている

食材のいわれ

八つ頭・くわいは子孫繁栄、ごぼうは豊年と息災、れんこんは見通しがよいとされる。スルメは長寿を願い鶴や亀にする。手綱こんにゃくは手綱を締め有事に備え、結んだかんぴょうと昆布は良縁や円満を表す。

撮影／高木あつ子

〈京都府〉

えびいもと棒だらの炊いたん

棒だらとえびいもの炊き合わせは「いもぼう」と呼ばれる京料理で、古くから代表的なおばんざいとして各家庭で親しまれてきました。府南部では正月料理の一品にもなりました。

えびいもは里芋の一種で、曲がった形や縞模様が腰をかがめたえびに似ていることから、そう呼ばれるようになりました。伝統的な京野菜の一つです。収穫は10月下旬頃から始まり、年末にはおせち料理の食材として出荷のピークを迎えます。大きくて、肉質が緻密なので、煮こんでもくずれにくいのが特徴です。

棒だらは三枚におろして完全に水分が抜けるまで干した棒状の真だらです。食べるには毎日水を替えながら、1週間程度ゆっくり時間をかけて戻します。たらのうま味が凝縮され、くずれるような食感が特徴です。府南部では地理的に鮮魚は手に入りにくく、干物や生節などを食べることが多かったそうです。正月には「たら(鱈)ふく食べられるように」と願いをこめて出される縁起物です。

協力＝綴喜地方生活研究グループ連絡協議会
著作委員＝福田小百合、米田泰子

撮影／高木あつ子

＜材料＞ 6人分

えびいも…8個(800g)
棒だら(カット)
…5cm角12切れ(200g)
だし汁(かつお節)…5カップ
酒…1カップ
砂糖…1/2カップ
うす口醤油…1/2カップ

＜つくり方＞

1 棒だらはたっぷりの水(分量外)につけ、毎日水をとり替えながら、1週間ほどかけて戻す。
2 棒だらがやわらかくなったら、水から始めてアクをとりながら30分ほどゆでる。アクが出なくなったら水洗いする。
3 えびいもは厚く皮をむき、かぶるくらいの水を入れ、中火でしっかり沸騰するまでゆでたら、水洗いをしてぬめりをとる。
4 鍋にだし汁と酒を合わせ、**2**を入れて火にかけ、中火で30分ほど煮る。
5 調味料と**3**を加え、沸騰したら沸騰が続く程度の弱火で1〜2時間、煮汁が少なくなり、つやが出て、十分にやわらかくなるようにゆっくりと味を含ませる。

撮影／高木あつ子

＜材料＞4人分

れんこん…130g
にんじん…1/2本（100g）
里芋…大4個（200g）
干し椎茸…4枚（20g）
高野豆腐…2個（33g）
こんにゃく…1/2枚（120g）
ちくわ…4本（300g）
だし汁（昆布とかつお節）…3カップ
みりん…大さじ3
うす口醤油…大さじ3と1/2

＜つくり方＞

1 れんこんは皮をむいて縦半分に割り、5mmの厚さに切って酢水（分量外）につける。
2 にんじんは5mm厚さの輪切りにし、花型で抜く。
3 里芋は水からゆで始め、沸騰後2分ほどゆでてから皮をむく（生のいもをむくと手がかゆくなることがあるため）。
4 干し椎茸は水で戻して半分か4等分に切る。
5 高野豆腐は水またはぬるま湯（約30℃）につけて戻し、軽くしぼって（両手ではさんで押す）、1個を6つくらいに切る。
6 こんにゃくは小口から5mmの厚さに切り、手綱こんにゃくにする（真ん中に切り目を入れて片端をくぐらせてねじる）。1〜2分ゆでる。
7 ちくわはひと口大（1本を6切れほど）に切る。
8 大鍋にだし汁と調味料を入れて火にかけ、沸騰したら材料を全部入れて、中火で約20分煮る。

〈兵庫県〉

煮しめ

北播磨地域のほぼ中央、平野部の穀倉地帯である小野市でつくられている正月の煮しめです。自家製の根菜類や里芋、手づくりこんにゃく、高野豆腐も入ります。北播磨北部の山間部では昭和30年代頃まで寒冷な気候を利用して高野豆腐が製造されていたので、この地域ではなじみのある食材です。ちくわ、椎茸など旨みを加味する食材も結集して大鍋で豪快に煮しめて大皿に盛ります。野菜が豊富にある農業地域ならではの正月料理です。材料別に煮るのではなく、全部を一緒に煮ることで、味のハーモニーが楽しめます。煮返せば3日間は日持ちもするので、正月のおかずとして重宝します。

この地域の正月は床の間に鏡もちをのせた三宝飾りをおき、もちが中心の雑煮椀と数の子、ごまめ、昆布巻き、たたきごぼう、黒豆、きんとん、ぶりの煮つけ、菊花大根などのおせち料理と煮しめをいただきます。子孫繁栄、豊作、健康、長寿などのいわれのある縁起のよい食べもので、新年を家族で祝う風習は残したいものです。

協力＝村田好子　著作委員＝片寄眞木子

〈鹿児島県〉

春羹《しゅんかん》

春を告げるたけのこや季節の野菜、豚三枚肉などを煮た、祝い膳や客膳には欠かせない煮しめ料理です。羹《あつもの》は吸いもののことですが、この料理に汁けはありません。もともとは島津の殿様料理で、県内の各町村に残る古文書などによると、筍羹、春寒、春筍、筍寒とも書かれています。由来からして鹿児島市内で武家社会の格式ある料理として伝えられてきたようです。

鹿児島の料理は男性的で豪快なものが多い中、春羹は細やかで女性的な料理といえます。野菜の切り口を面とりするのは、家長や長男に端はやらないという鹿児島人の気風を反映しているといいます。食材の切り方や盛りつけにも独特の心配りが伝えられています。

鹿児島市内のある家庭では、正月は豚骨、春羹、ごまめ、数の子、十六寸《とろくすん》（白いんげんの甘煮）、たたきごぼう、紅白かまぼこ、こが焼き、雑煮などが並ぶそうです。鹿児島では黒豆より白いんげんを使います。お屠蘇は鹿児島の地酒である灰持酒《あくもちざけ》です。

協力＝泉和子、石崎由美子
著作委員＝森中房枝

＜材料＞ 8人分

- 豚肉（三枚肉）…300g
- 水…1カップ
- 濃口醤油、酒…各40mℓ
- みりん…大さじ1
- 砂糖…15g

- 干し椎茸…8枚
- 戻し汁…1/2カップ
- みりん、酒…各20mℓ
- 塩…2g
- 砂糖…5g

大根…1/3本（400g）
にんじん…2本（250g）
ゆでたけのこ…中1本（350g）
ごぼう…1本（200g）
油揚げ…2.5枚
こんにゃく…1枚（200g）
さやいんげん…100g
だし汁（昆布とかつお節）…6カップ
うす口醤油…40mℓ

＜つくり方＞

1 豚肉を厚さ5mmに切り、鍋に多めの水（分量外）と肉を入れて火にかけ、ゆでこぼして脂とアクをとり除く。この作業を2回繰り返し、さらに水で肉を洗う。鍋に下ゆでした肉と分量の水、調味料を入れ、弱火で1時間ほど煮る。
2 干し椎茸は前日より水に浸す。戻した椎茸の石づきをとり、戻し汁と調味料で30分ほど煮て半日おき、味をしみこませる。
3 大根は皮をむき、2.5×2.5×7cmの直方体に切り、面とりをする。鍋に大根、たっぷりの水と米大さじ1（分量外）を入れ、30分下煮をする。桜島大根の場合は、水煮の必要はない。
4 にんじんは皮をむき、2×2×5cmの直方体に切り、面とりをする。
5 ゆでたけのこを8〜9mm厚さのくし形に切る。
6 ごぼうは皮をこそぎ、6cm長さに切り、縦2つに切り、さらに4cmの切りこみを縦に2本入れる。酢水につけ、アク抜きをする。
7 長方形の油揚げは半分に切り、さらに半分の三角形にし、熱湯をかけ油抜きをする。
8 こんにゃくは半分に切り、それぞれ対角線で4つに切る。三角形の頂点から厚みに切りこみを入れ、湯がいてアクをとる。
9 さやいんげんは、色よくゆでる。
10 だし汁を入れた鍋に**3**〜**8**を入れ、うす口醤油を加え、1時間ほど弱火で煮る。
11 **1**の肉と煮汁、**2**の椎茸と煮汁を加え、味を調える。
12 深めの器に、肉は2枚、他はひとつずつ盛りつけ、彩りにさやいんげんを切って添える。

撮影／長野陽一

魚・汁・寄せ物など

年取り魚のなめたがれいの煮つけ、「みそのつきおさめ」で大晦日に食べる豆腐焼き、雑煮とは別にたっぷりつくるけんちん汁、甘い茶碗蒸しに水ようかんと、正月には各地で個性的な料理がつくられています。それぞれいわれのある料理が並んだ正月の膳も登場します。

〈秋田県〉

あんこうのとも和え

あんこうは鍋料理が有名ですが、これはあんこうの身を、肝と味噌で和えたものです。沿岸部全域で食べられていますが、県北の八峰町《はっぽうちょう》八森地区では正月料理の一つです。ゆでたあんこうの身は重しをして水けを抜くことで、しっかりとした食感になります。これを角切りにし、炒めた肝と味噌で和えます。ほぐし身はホロホロ、ゼラチン質の皮はプルプルとして食感も楽しく、肝の濃厚な味わいはご飯のおかずとしても、酒の肴としても相性が抜群です。

八峰町八森地区は、秋田音頭にも唄われているように県沿岸北部におけるはたはたの主漁場です。また、世界自然遺産である白神山地の麓に位置する自然豊かな地域です。冬期の漁ははたはたがメインとなりますが、ほかにあんこう、あぶらつのざめ、なまこなども水揚げされ、家庭で食べられてきました。正月には大きいもの、まだら、あんこう、さめ、ぶりなどを食べ、大漁となるように縁起をかつぐそうです。

協力＝秋田県漁協北部総括支部漁協女性部ひより会　著作委員＝高橋徹

撮影／高木あつ子

＜材料＞ 6〜7人分

アンコウ…1尾（約1kg）
アン肝…1尾分
長ねぎ…1/2本
味噌…大さじ5
砂糖…大さじ2
油…少々

＜つくり方＞

1 アンコウをさばく。表面のぬめりを水でよく洗う。内臓をとり、ぶつ切りにする。
2 身を骨つきのまま湯がく。
3 身を熱いうちに骨から外し、さらしなどに包み、バットなどに入れて上から重しをし、冷蔵庫に一晩おいて水けをきる。
4 3を冷蔵庫から出し、3㎝角程度に切り分ける（写真①）。
5 油を入れた鍋に肝を入れ、へらでつぶしながら炒めてペースト状にする。味噌と砂糖を加えて混ぜ合わせる。
6 5の肝味噌と4の身を和え（写真②）、ねぎの青い部分を輪切りにして混ぜる。器に盛り、ねぎの白い部分は白髪ねぎにして飾る。和えずに4の身の上に肝味噌をのせてもよい。

①

②

身の上に肝味噌をのせたもの

〈岩手県〉

紅葉《こうよう》漬け

三陸沿岸では鮭の身とはらこ（いくら）の醤油漬けを紅葉漬けと呼びます。秋から冬にかけてつくられる郷土料理で、年末に漬けこみ、正月の酒の肴とされてきました。

鮭は太平洋から三陸沿岸の河口に戻り、川への遡上前が、脂肪がとくに多くおいしいとされています。産卵後は脂肪もたんぱく質も減り品質が落ちるので、紅葉漬けには沿岸でとれる産卵前の鮭を使います。昔は冷凍すると味が落ちるといわれ新鮮な鮭を使いましたが、最近は寄生虫のアニサキス対策で冷凍してから使うよう指導されています。

鮭は捨てるところがありません。1尾を三枚におろし、背身の肉厚の部分は紅葉漬けに、はらすの部分は煮物に、頭は氷頭《ひず》なます、中骨などの残りはあら汁に、いくらも紅葉漬けの残りは醤油に漬けて保存用にとさまざまな料理に活用します。たくさんとれると新巻きにして、年取り魚としたりお歳暮にもしてきました。三陸の漁村をまわると、軒に何匹も鮭がつるされる風景を今も見ることができます。

協力＝前川良子　著作委員＝菅原悦子

＜材料＞ 10人分

サケ（銀毛）*…400g
はらこ（イクラ）…100g
塩…20g
塩蔵昆布**…10g
漬け汁
┌醤油…1カップ
│みりん…1カップ
│酒…1/2カップ
└塩…少々

*沿岸でとれる産卵前のサケ。

**養殖昆布を湯通し後、塩蔵した三陸特産の昆布。だし用ではなく煮物や炒め物にする。

＜つくり方＞

【サケをさばく】

1 新鮮なサケの腹を裂き、はらこをとり出す（写真①）。魚を三枚におろし、背身の肉厚の部分を使用する（写真②、③）。寄生虫アニサキス対策のために、−20℃以下で24時間以上冷凍する。

2 はらこは目の大きなザルや焼き網などに押しつけ、こするようにして粒をほぐし、卵巣膜（卵全体をおおっている薄い膜）をとり除く（写真④）。ザルに入れて3％の塩水で洗い、血合いや白い皮などをとり除く。何回か塩水をとり替えながら洗い、ザルにあげ、冷蔵庫で保存する。

【紅葉漬け】

1 塩蔵昆布は水で洗い、30分ほど水につけて塩抜きして細切りにする。

2 漬け汁のみりんと酒を煮切り、醤油と塩、昆布を加えてひと煮立ちさせて冷ます。

3 冷凍したサケを半解凍し、皮と骨を除き、ひと口大に切る。

4 3をバットに入れ、表面に塩20gをふり約20分おく（塩じめ）。その後、冷水で塩を落としながらよく洗い、水けを十分にきる。

5 サケとはらこに2の漬け汁をひたひたに注ぎ、一晩以上冷蔵庫で漬けこむ。

6 漬け汁をきり、サケ、はらこ、昆布を器に盛る。好みで唐辛子をふりかける。

◎ひと月ほど食べられるが、おいしいのは3日～1週間。漬けこむ量が少なく数日で食べきる場合は塩じめをしなくてもよい。

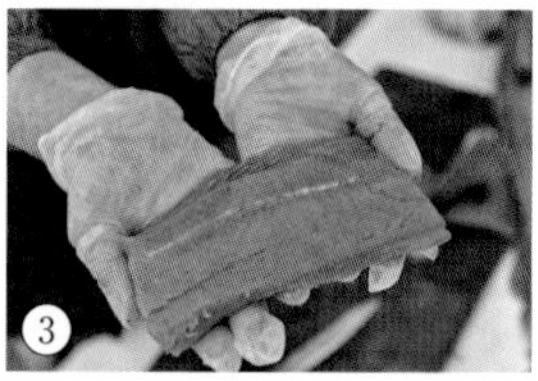

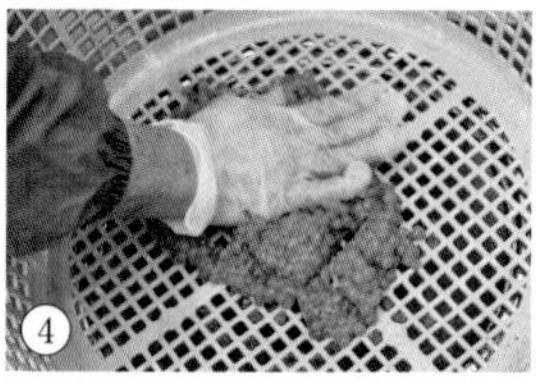

醤油や砂糖、酒、みりん、しょうが、赤唐辛子で煮た白子の煮つけ

サケ、すき昆布、塩蔵わかめと野菜を重ねて漬けた海鮮漬け

頭や中骨、尾ヒレと野菜やきのこでつくる塩味のアラ汁

頭の軟骨の薄切り、大根、にんじんでつくる氷頭なます

撮影／奥山淳志

〈宮城県〉

なめたがれいの煮つけ

大きななめたがれい（ババガレイ）の煮つけです。なめたがれいは、生では体表にぬめりが多いのですが、煮るとほとんどなくなります。脂がのって身がやわらかく、老若男女に好まれる淡泊で食べやすい味です。かれいとしては大型で子（卵）の部分も大きく、切り身の部位によっては卵が大半を占めるものもあります。

現在、なめたがれいの流通は北海道産が多くなっていますが、昔は宮城県沖でも大振りで子持ちのものがとれ、仙台市内や沿岸部を中心に、おもに年取りの魚として暮れから食卓にのぼることが多かったようです。お年寄りに聞くと、正月の祝い魚としては別に焼いた塩鮭が並んだともいわれますが、近年はなめたがれいを正月の料理として食べることも多くなりました。昨今では年末になると価格が高騰して高級魚扱いとなりますが、年に一度の縁起物として根強い人気があります。価格の安い時期に早めに入手し、調理して煮汁とともに冷凍保存し、正月に備える家庭もあります。

協力＝高澤まき子　著作委員＝宮下ひろみ

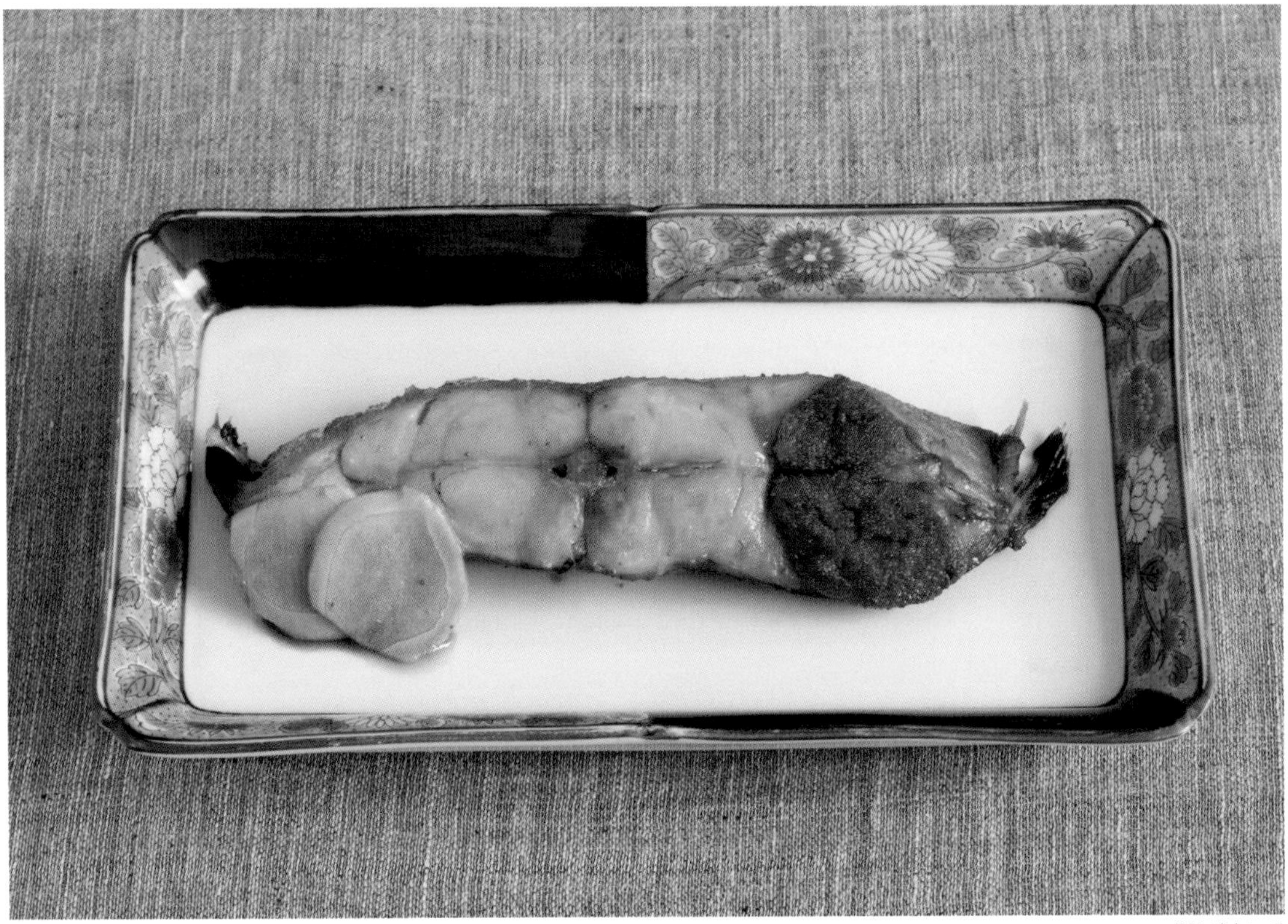

撮影／高木あつ子

＜材料＞4人分

ナメタガレイ（ババガレイ）
…4切れ（480〜600g）
醤油…50〜60mℓ
砂糖…25〜30g
酒…100〜120mℓ
水…200〜250mℓ
しょうが…30〜40g

＜つくり方＞

1 しょうがは薄切りにする。
2 調味料と水としょうがを鍋に入れて、ひと煮立ちさせる。
3 2にカレイの切り身を皮が上になるように並べる。
4 落とし蓋（または紙蓋）と蓋をして、中火から弱火で約10分煮る。途中、蓋をあけて煮汁を回しかける。
5 再び落とし蓋と蓋をしてさらに約10分煮て、火を止め、しばらく味をなじませる。

◎カレイが1尾の場合は、ウロコと内臓をとり、水洗いして切り身にする。卵は身とともに煮つけにする。

〈長崎県〉
紅さしの南蛮漬け

　長崎市の正月の重詰料理に欠かせない一品で、正月は長崎雑煮と紅さし（ひめじ）の南蛮漬けだけは必ず食べていました。師走の寒風で、ほどよいかたさとさえた紅色に干された紅さしを油で揚げ、南蛮酢に漬けます。最低10日、20日ほど漬けこむと骨までやわらかくなります。正月に1尾骨ごと頭から尻尾までよく噛んで食べることで、丈夫な歯（今は丈夫な骨）を維持できていることに感謝します。紅さしは干すことで紅をさしたように鮮やかな色になり、また油で揚げたときにも身がはじけません。近年は温暖化の影響か小ぶりで、年々入手しにくくなっています。

　南蛮漬けは玉ねぎや唐辛子を用いた異国の香りのする料理です。南蛮とは、江戸時代にはポルトガルやスペイン、東南アジアを指しました。長崎に渡来した外国人との交流の中で油を使う調理方法を学び、地元の食材を使ってアレンジされたものが、正月料理として長崎の食文化の中に定着しています。

協力＝脇山順子
著作委員＝冨永美穂子、石見百江

撮影／長野陽一

＜材料＞ 6人分

ベニサシ*（ヒメジ・約15cm）
　…12尾
油…適量
南蛮酢
- 酢…1カップ
- 砂糖…1/2カップ（55g程度）
- 醤油…1/2カップ（115g程度）
- 赤唐辛子…1本

*ベニサシ（ヒメジ）は全長20〜40cmの魚で身がやわらかくくせがない。夏は沿岸に、冬は沖合に移るがいずれも味はよい。おもな産地は西日本。

＜つくり方＞

1　ベニサシはウロコをとり、腹を開かないでエラと内臓をとり除き（つぼ抜き）、ザルなどに並べて表面が乾燥するまで日に干す。

2　赤唐辛子は種を除いて小口切りにし、ボウルに南蛮酢の材料を入れて混ぜる。

3　ベニサシは170℃の油でこんがりと揚げる。揚げたてを南蛮酢に漬けこむ。

4　2週間ほどすると味がしみて骨もやわらかくなる。器に盛りつけ、赤唐辛子を彩りに添える。

◎酢30mℓ、砂糖9g、塩1.5g、だし汁10mℓを漬けるための調味酢とすることもあり、配合などは家庭ごとに異なる。

〈和歌山県〉

豆《と》腐《ふ》焼き

大晦日の夜、大阪や奈良と接する県北東部の橋本市では、豆腐を炭火で焼き、ねぎ味噌をつけて焼いた豆腐焼きをつくります。しくじりや失敗を「みそがつく」ということから、「みそ」のつきおさめになるように、その年の「みそ」を食べきってしまおうと、家族で一年の無事を感謝しながら食べます。好きな人は、藪《やぶ》入り（1月16日）に帰ってくる子どもたちにもつくって食べさせます。

昔は豆腐屋さんに、豆腐焼き用のかたい豆腐を頼んでつくってもらっていました。豆腐を刺す竹串も、年末に竹を切り、串を削って準備しました。炭火で焼いた豆腐の香り、ねぎのさわやかな味、味噌の甘味と香ばしさに、子どもからお年寄りまでたくさん食べたそうです。

同じ橋本市内でも豆腐焼きをする地域としない地域があり、また、ねぎの代わりにわけぎを使う地域もあります。豆腐の大きさも、ねぎ味噌の味噌と砂糖の割合も家々で違い、わが家の豆腐焼きがあります。

協力＝松井カヨ子　著作委員＝青山佐喜子

撮影／高木あつ子

<材料> 4人分

かための豆腐（200g）…2丁
青ねぎ…100g
味噌…75g
砂糖…50g

<つくり方>

1 豆腐はよく水をきる。
2 青ねぎは2～3cmに粗く切り、すり鉢ですりつぶす。
3 味噌と砂糖を加えてすり合わせ、味を調える。
4 豆腐1丁を3～4等分し、竹串を2本刺し炭火で焼く。
5 焼き色がついたら片面にねぎ味噌をのせ、香ばしく焼く（写真①）。

◎炭火で焼くと香ばしくおいしいが、ホットプレートでもつくることができる。

◎ねぎ味噌はふろふき大根にも合い、焼いた油揚げにつけてもおいしい。

〈熊本県〉
辛子れんこん

熊本県の郷土料理で、正月、盆、祭りなどで食べられています。下ゆでしたれんこんに麦味噌と辛子を混ぜた辛子味噌を詰め、卵黄やクチナシ、ウコンなどで黄色く着色した衣をつけて丸ごと揚げ、5〜8㎜の輪切りにして食べます。調味料は何もつけません。れんこんのシャキシャキ感と辛子味噌のツンとした辛味がきいた料理です。辛味が苦手な場合は、電子レンジで温めると和らぎます。

由来は江戸時代初期に遡り、熊本藩主の細川忠利の滋養食としてつくられたと伝わります。当時は貴重な油を使った揚げ物でした。れんこんの断面が細川家の家紋と似ているので門外不出だったなどの言い伝えがあります。れんこんは加藤清正が熊本城の外堀で非常食として栽培したとされ、昭和初期より、熊本市西部の有明海に面した干拓地域で栽培されてきました。露地栽培では宇城《うき》市松橋《まつばせ》が有名です。れんこんの穴が「先を見通す」ことに通じ、縁起物として広く慶事に利用されてきています。

著作委員＝川上育代

撮影／戸倉江里

＜材料＞ つくりやすい分量

れんこん（200gくらいのもの）…3本
酢水（水3カップに酢大さじ1の割合）…適量
辛子味噌
- 麦味噌…150g
- 卵の花（パン粉でもよい）…50g
- 和辛子（粉）…大さじ2

衣
- 中力粉…100g
- そら豆粉*…40g
- ウコン…少々
- 冷水…1/2カップ

薄力粉…少々
揚げ油…適量

*呉汁の素(大豆粉)でもよい。

＜つくり方＞

1 れんこんは両端を切り落とし、穴が汚れていたら箸を入れて汚れをこすり落として洗い流す。皮はむかない。黒ずみを防ぐため切ったらすぐに酢水につける。
2 沸騰した湯に酢少々（分量外）を加えて、れんこんを半ゆでにする。
3 れんこんをザルに立てて扇風機などで粗熱をとり水けをとばす。
4 辛子味噌の材料をボウルに入れて混ぜ合わせる。
5 4の中にれんこんをまっすぐ立てて突き、辛子味噌を片側から詰めていく（写真①）。上部の穴から味噌が出てきたら、反対にしてもう一度突いて隙間がないように詰める。
6 れんこんを立てた状態で冷蔵庫で一晩ねかせる。表面が乾燥しないように軽くラップをかけておく。
7 翌日、れんこんの上部に盛り上がってきた余分な味噌（写真②）を除く。
8 衣の材料をさっと混ぜ合わせ、かための衣をつくる。
9 れんこんに薄力粉をはたき8の衣をつける。れんこんが鍋の底につかないようにしたいので、金串の先を曲げてれんこんに刺して油の中に浮いた状態にする。黄色の衣が焦げて変色しないように、天ぷらを揚げるイメージで中温の油でゆっくり揚げる。泡が出なくなったらできあがり。
10 冷めたら好みの厚さに切る。

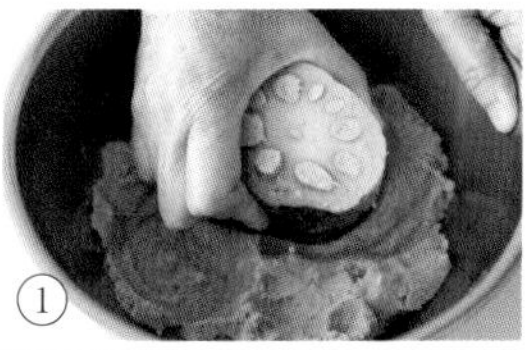
①

②

〈大分県〉

くじゃく

ゆで卵をすり身で包んで揚げたもので、縦に切った断面が孔雀の羽の模様のようになる華やかな一品です。県南部の佐伯《さいき》市では暮れの年取りのごちそうや結婚式の宴、運動会の弁当などにはつきものです。えそやごちなど、小骨が多いなどの理由で刺身や焼き魚には不向きな魚を手間暇かけてすり身とし、さらに卵を加えて工夫したごちそうになっていて、子どもから大人までに愛されています。

佐伯市の東部は豊後水道に面していて漁業がさかんです。水産練り製品の加工業者も多く、すり身は魚屋やスーパーマーケットで日常的に売られています。くじゃくも、ちくわやかまぼことともに店頭に並んでいます。かつては家庭ですり身から手づくりしていましたが、最近では購入したすり身でつくることも多くなってきました。

このあたりの年取りは家族や親戚一同が集まって一緒に食事をします。くじゃくの他に鯛・ぶりなどの魚介類の刺身や焼き物、煮物、鍋などの料理をたっぷり用意します。

協力＝坪矢美奈　著作委員＝望月美左子

撮影／戸倉江里

<材料> 1個分

ゆで卵…1個
食紅…少量（卵の表面が薄く赤く染まればよい）
薄力粉…適量（1g程度）
魚のすり身*…100g
塩…1.5g
砂糖…6g
卵白…3g
揚げ油…適量

*えそなどの白身魚を使用。

<つくり方>

1 ゆで卵は殻をむく。食紅を水（分量外）で溶いてゆで卵をつけて全体に赤い色をつける。
2 卵の水けをきり、全体に軽く薄力粉をふっておく。余分な粉は、はたき落とす。
3 すり身と塩、砂糖、卵白を弾力が出るまでよく混ぜ合わせる。
4 手に水をつけ、すり身を広げて2の卵をのせ、包む。空気を抜くように形を整える。
5 すり身が落ち着いたら、低温の油で約5分、少しきつね色がつく程度に素揚げする。揚げずに蒸す場合もある。
6 粗熱がとれたら包丁を引くように一気に縦半分に切る。切り口が孔雀の羽の模様に見える。

◎すり身は黄緑色の食紅で着色することもある。

〈青森県〉
茶碗蒸し

津軽地域の茶碗蒸しは年越し・正月に欠かせない料理です。卵液には栗の甘露煮の汁を加えて甘くし、大きめの器に根曲がり竹や栗の甘露煮などたっぷりの具を入れるのが特徴です。家族が好きだと、具材があればふだんからつくることもあり、正月はもちろん、日常的にも家庭で親しまれている味です。

味つけと具の種類、具を入れる順番は各家庭で少しずつ違います。ここで紹介したレシピのように、下煮した具の上に鶏肉を入れるのは、鶏のだしが下にじんわり回るという理由だそうです。具が多いので、あとから入れる栗やかまぼこが沈むことはありません。栗は好きだからと多めに入れる家では、具が多く卵がもらがったり（盛り上がったり）すると、義母から「おしゃれでないんだよ（きれいに見えないよ）」といわれたそうです。一度に2個食べる家族もいるので、10個、20個と多めにつくります。希釈した卵液が残ると、どんぶりでつくることもあります。

協力＝清野優美子
著作委員＝今井美和子

撮影／五十嵐公

＜材料＞ 5個分

卵（L）…3個
だし汁*…400mℓ
栗甘露煮の汁…80mℓ
干し椎茸の戻し汁…50mℓ
醤油…小さじ1/2
塩…小さじ1/2
しらたき…100g
干し椎茸…15g（7〜8枚）
根曲がり竹（水煮）…60g
板麩…15g（1枚）
下煮用
- だし汁*…300mℓ
- 醤油…大さじ1と1/3

- 鶏ささみ…60g
- 酒…小さじ1
- 塩…ひとつまみ弱

栗甘露煮…50g（5個）
かまぼこ（紅）…30g
三つ葉…10g

*水に対して昆布1%重量。前日から冷蔵庫で仕込む。

＜つくり方＞

1. しらたきは4〜5cm長さに切り、干し椎茸は戻して半分に切って5mm幅、根曲がり竹は縦半分に切って長さ4cmほどの薄い斜め切りにする。板麩は戻して「わ」を切り2枚にし、幅1cmの短冊切りにする。
2. 鶏肉は筋を除き、4等分しさらに3等分に薄切りし、下味をつける。
3. かまぼこは10枚、栗甘露煮は半分、三つ葉は3〜4cm長さに切る。
4. 下煮用のだし汁を沸騰させ、鍋割り**しながらしらたき、椎茸、根曲がり竹、板麩を入れる。1〜2分煮て食材の臭みをとってから醤油半量を加える。味をみて足りなければ残りの醤油を入れ、蓋をして中火で汁けがなくなるまで煮る。具材ごとに5等分して冷ます。
5. 卵を溶き、だし汁、干し椎茸の戻し汁を加えて裏ごしし、栗甘露煮の汁を入れて醤油、塩で味つけする。塩は味を見ながら入れる。
6. 器に板麩、根曲がり竹、しらたき、椎茸、鶏肉の順に入れ、5の卵液を八分目（約100mℓ）まで注ぐ。器の大きさで卵液の量は変わる。
7. さらに3を飾り入れ、器の蓋をして蒸気の上がった蒸し器に入れる。蒸気が上がるまで強火にし、その後は中火のやや強めにして7〜10分ほど蒸す。少なめの時間で様子を見て「す」が立たないようにする。
8. 表面が凝固し竹串を刺して卵がついてこなければ蒸し上がり。

**材料が混ざらないように、鍋の中を割って材料を入れる。

〈茨城県〉
矢羽のようかん

県南の石岡市はかつては国府が置かれ、常陸国総社宮《ひたちのくにそうしゃぐう》とその例大祭（関東三大祭りの一つ・石岡のおまつり）などが行なわれる歴史ある地域です。甘いもの、寄せ物はごちそうで、矢羽のようかんは、正月や祭り、お祝いごとの際にみんなにふるまわれました。

今も、この土地の年配の方は矢羽のようかんを始め、緑色の若竹かんなど、寒天の寄せ物をいろいろつくります。正月にはあんと寒天の寄せ物のほか、本海藻（千葉県・房州産コトジツノマタ）を使った海藻寄せもつくられます。昔は、千葉県の房総から県西の鹿行《ろっこう》地域を経て、担ぎ屋さんと呼ばれる行商人が売りに来ていたようです。

祭りや正月の膳にのせられたようかんは、ほかは醤油味の茶色い料理が多かったので、彩りにもなりました。寒天に食紅だけ入れた紅色のようかんを七五三の祝膳に添えたり、白あんでなく、家にある小豆でつくる黒いようかんもあったようです。

協力＝大岡芳子、堀越悦子、吉田とし子
著作委員＝荒田玲子

撮影／五十嵐公

＜材料＞ 1400〜1500mℓの流し缶

白あん…500g
粉寒天…5g、水…500mℓ
砂糖…300g、塩…少々
食紅、水…少々

＜つくり方＞

1 鍋に水と粉寒天をふり入れ、5分ほどおいたあと、火にかける。
2 沸騰後、弱火で3分煮る。砂糖、白あんを加え、混ぜながらとろっとするまで煮詰め、塩を入れる。
3 2の鍋を水の張ったボウルに入れ、攪拌しながら粗熱をとる。寒天液を50mℓほどとり分けておく。人肌程度になったら型に流す。
4 3でとり分けた寒天液に、水で溶いた食紅を加えて赤く染める。ポリ袋に入れる。
5 表面が固まり始めたら、4のポリ袋の先を1〜2mm切り、縦に1.5〜2cm間隔の線を引く。
6 縦の赤い線と交差するよう、横中央に右から左へ竹串で線を引く。
7 6の線の手前、1/3のところに左から右へ竹串で線を引き、2/3のところに右から左へ線を引く。
8 6の線の向こう側も同様に線を引き、矢羽の模様をつくり（写真①）、冷やしかためる。

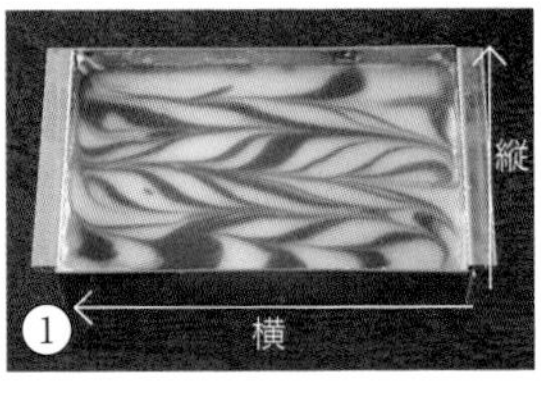

撮影／五十嵐公

水ようかん

〈栃木県〉

　日光の周辺では、水ようかんは夏の暑いときの食べものというよりも正月の寄せ物の一つとして食べられています。ハレの日でもだんごやおはぎ、柏もちや酒まんじゅうには粒あんですが、正月だけは手間をかけてこしあんで水ようかんをつくりました。温かいこたつの中でツルンと冷たい水ようかんをいただくことが正月料理の醍醐味です。夏は酢醤油と辛子でところてんですが、冬は甘い水ようかんです。

　冬の平均気温が5度以下になる日光では、水ようかんは冷蔵庫に入れなくても短時間でかたまり、暖房のない部屋においておけばそのままで数日、日持ちします。しかも冷蔵庫より部屋においたものの方がおいしく感じます。冷蔵庫に入れておくと、時間とともに、だんだんかたくなるようです。

　鍋から流し箱に注いだとき、寒いためにすでにかたまりはじめた水ようかんが鍋底にうっすらと残るので、それをスルリととって食べるのが、子どもの楽しみでした。

協力＝加藤ステ、加藤すみ子、仁村さち子
著作委員＝名倉秀子、藤田睦

<材料> 14×11×4.5cmの流し箱1箱分（できあがり375g）

粉寒天
…1.8g（できあがり量の0.5％弱）
水…1カップ
砂糖…55g（できあがり量の15％）
こしあん
…160g（できあがり量の40％）

<つくり方>

1. 空の鍋の重さを量り、内容量が計算できるようにする。
2. 鍋に水を入れ、粉寒天をふり入れる。粉末が水になじんで、粉末の色が変わるまで、15分くらい放置する。
3. 中火にかけて寒天を煮溶かし、沸騰直前の状態でよく混ぜ、透明度が高くなったら砂糖を加える。
4. 木べらなどでよく混ぜながら煮詰めて220gほどにする。
5. あんを加えて、さらによく混ぜながら375gに煮詰める。
6. 火を止め、鍋を濡れ布巾の上において冷ましながら、かき混ぜる。
7. ようかん液がサラサラからトロトロと少し重くなるような感じになったら流し箱に流し入れる。室温でかたまるのを待つ。
8. 流し箱からとり出して、切る。

＜北海道＞

つぼ

つぼっこども呼ばれ、塩くじらと山菜でつくるくじら汁と並び、道南・松前町の伝統的な年取り料理のひとつです。野菜、じゃがいも、豆腐、椎茸、たこ、あるいは、ほっけでつくったかまぼこや鮭、ごっこ（ホテイウオ）など地元でとれた山海の材料をすべてさいの目に切りそろえ、大きな鍋で煮て、年取りから三が日まで毎日いただきます。初めは薄味ですが、温め直すうちに野菜やたこから溶け出た旨みが一体になり、味も濃くなります。

子どもの頃から毎年、年取りから正月7日まで食べていたという人は、家庭をもったときから40年以上、生家と同じ料理をつくり現在に至るそうです。子どもたちが小学生の頃は家族4人で食材を切って、形がそろわなくて大笑いしたが食べると大変おいしかった思い出を話してくれました。大きくなった子どもたちから毎年リクエストがあるので今も奮闘しており、息子夫婦にもこの味を受け継いだそうです。

協力＝西村信好、田中恵美子、鳴海セツ子
著作委員＝伊木亜子

撮影／高木あつ子

＜材料＞ 4人分（3〜4日分）

にんじん…2本（300g）
ごぼう…1本半
じゃがいも…4個（400g）
豆腐…1丁
ちくわ…1袋（100g）
椎茸…4枚
こんにゃく…1丁
タコの足（細いもの）*…250g
だし汁（昆布とかつお節）…10カップ
醤油…大さじ3

*北海道のタコは大きく足も太いので、細めの部位を選ぶ。

＜つくり方＞

1 にんじん、豆腐、ちくわ、椎茸、タコを1cm角に切る。
2 ごぼうは太い部分は縦半分にして、1cm長さに切る。
3 じゃがいもは1cm角に切り、水に10分さらす。
4 こんにゃくは熱湯でアク抜きをして、1cm角に切る。
5 タコ以外の材料とだし汁を鍋に入れ、弱火〜中火で1時間ほど煮る。
6 野菜に火が通ったらタコを加え、醤油を入れひと煮立ちさせる。タコがかたくなるので煮こまない。

◎温め直すうちに味が濃くなるので、初めは薄味にする。

撮影／高木あつ子

＜材料＞6人分

大根…1/4本（300g）
にんじん…1/2本（90g）
ごぼう…小1本（90g）
油揚げ…1/2枚（30g）
ちくわ…小1本（40g）
里芋…中5個（250g）
こんにゃく…130g
豆腐…150g
豚こま切れ肉…100g
油…大さじ1
だし汁（煮干しと昆布）*…6カップ（1200mℓ）
味噌…大さじ1（18g）
醤油…大さじ1（18g）
長ねぎの小口切り、ゆずの皮のせん切り…適量

*干し椎茸を加えて使う場合もある。

＜つくり方＞

1 豆腐以外の具は食べやすい大きさに切る。
2 鍋に油を熱し、ごぼうと豚肉を入れて炒める。肉の色が変わったら、豆腐以外の具を加え、さらに炒める。
3 だし汁を加え、具がやわらかくなるまで煮る。
4 最後に豆腐をちぎりながら加え、味噌と醤油で味をつける。椀に盛り、薬味にねぎ、ゆずの皮をのせる。

〈山梨県〉

けんちん汁

県最東部の上野原市では、年取りにけんちん汁を食べる習慣があります。正月に何もしなくていいようにつくりおきし、温め直したものを正月にも食べます。味つけは味噌と醤油、醤油仕立て、味噌仕立てと、家庭によって違います。大晦日にはけんちん汁とともにそばも食べました。商家では大晦日の食事に、元旦に並べる正月料理も出してけんちん汁とともに食べる習慣があったようです。

この地域では、正月料理に、焼いた切りもちか丸もちが入ったすまし仕立ての雑煮、きんぴら、なます、豆きんとん、しるこなどをつくりました。元旦はもちを食べましたが、2日目はうどんを食べたそうです。

けんちん汁は秋冬の日常食としても食べられています。9、10月に里芋がとれるようになると里芋がおいしいのでつくったそうです。さつま揚げや椎茸、じゃがいもを入れることもありますが、豚肉を入れるようになったのは最近のことです。

協力＝長坂裕子、前澤悠紀子、石川美鈴
著作委員＝時友裕紀子

中身汁

〈沖縄県〉

沖縄の代表的な内臓料理で、正月や結婚祝い、97歳を祝うカジマヤーの祝い、米寿を祝うトーカチの祝い、生まれ年の干支が巡ってきた年に祝う生年（トシビー）祝い、法事などでつくられます。沖縄の正月には、もともと他県のような雑煮やおせちはほとんどの地域にはなく、出される料理は地域や家庭によって異なりますが、豚肉を使ったおかずや汁ものが用意されるという点は共通しています。

中身とは豚の大腸、小腸、胃のことです。丁寧に下ごしらえされた内臓は臭みはまったく感じず、中身汁はすっきりとした味で、かつおのだしがしっかりきいています。

中身は業者がボイルし洗った後、氷水でしめたものですが、それでも家庭では3回ほど水で流す下ごしらえが必要です。臭いを吸着する小麦粉をふって、ひだの奥まで丁寧にもみ洗いをすることでおいしい中身汁ができます。巧みに調理され、とろけるように煮こまれた中身汁は、祝いごとに欠かせない最高料理として扱われています。

協力＝大嶺桂子、大嶺文子、浦崎米子
著作委員＝森山克子

＜材料＞4人分

中身（豚もつ＝大腸、小腸、胃）…300g
干し椎茸…3枚
こんにゃく…80g
小麦粉…適量
だし汁（かつお節）…1.2ℓ
椎茸の戻し汁…1と1/2カップ
醤油…大さじ1
塩…少々
おろししょうが…適量

市販の中身。ゆでてあるが、さらにゆでる

＜つくり方＞

1 こんにゃくはゆがいて厚さ5mm、幅5mm×長さ7cm程度の短冊に切る。
2 椎茸は水で戻しせん切りにする。戻し汁はとっておく。
3 中身は、1回ゆでたあとにザルにとって洗い（写真①、②）、小麦粉でよくもみ（写真③、④）、水で洗い流し（写真⑤、⑥）、またゆでる。これを3回繰り返す（写真⑦）。
4 鍋にだし汁と椎茸の戻し汁を合わせて温め、椎茸、こんにゃく、中身を入れて煮る。沸騰したら弱火にして、醤油を入れてアクをとりながら20分ほど煮る。
5 味見をして中身が味を含んだら、最後に塩で味を調え、盛りつけのときにおろししょうがをのせる。

◎沖縄では中身汁やクーブイリチー（昆布の炒め煮）用の切りこんにゃくが市販されている。

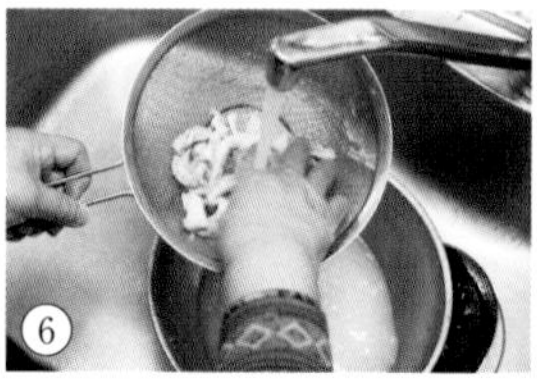

撮影／長野陽一

〈岐阜県〉

年越しの料理

県内にはさまざまな年越しの料理がありますが、ここではその中の三つを紹介します。

「年越しのおかず」は、美濃と飛騨路をつなぐ要路にあたる川辺町で伝わる煮しめです。大晦日の夜になると、新米を炊いて丸干しいわしと年越しのおかずを食べました。今年は食べ残すほどの食料があった、来年もこうであるようにとたくさんつくり、年明け後も温め直して食べました。

県南東部で中山道が通る恵那市の正月料理では「煮なます」があります。生でつくることが多いなますを煮てつくるのが独特です。

飛騨地方の南部に位置する下呂市萩原では魚や野菜をご飯と麹で漬けて発酵させる「ねずし」が伝承されてきました。昔は塩ますの頭も皮も漬けてうま味や脂を加え、頭は焼いて食べたそうです。

このほか、岐阜圏域や西濃圏域では川魚のなれずしを食べたり、自家製の豆腐を料理したり、いわしやぶりを年取りの魚として食べました。

協力＝加藤とめ子、土方紀代子、水口裕子
著作委員＝西脇泰子、坂野信子、長野宏子

年越しのおかず

<つくり方> つくりやすい分量

1 糸昆布24gと干し椎茸15gを戻す。
2 大根500g、里芋300g、にんじん180g、ごぼう150g、鶏もも肉100gと戻した椎茸は、いちょう切りや半月切りなどひと口サイズで同じような大きさに切る。油揚げ70gと焼き豆腐150gは幅2cm程度で他の材料とほぼ同じ大きさに切る。
3 鍋に大根、にんじん、ごぼう、里芋、椎茸と鶏肉、かつおのだし汁3〜3.5カップを加え煮る。野菜にある程度火が通ったら、砂糖35g、みりん50g、酒20g、醤油75gを加える。
4 油揚げ、焼き豆腐、糸昆布を加え、弱火で煮汁がなくなるまで煮含める。

糸昆布は長生き、里芋は子だくさんとうように具材にはそれぞれに願いをこめている。具材は7種か9種の奇数でつくるなど、言い伝えは多くある。

撮影／長野陽一

煮なます

<つくり方> 4人分

1 大根300g、にんじん100g、油揚げ3枚は短冊切りにする。

2 塩もみした野菜と湯通しした油揚げを甘酢でさっと煮る。甘酢は酢1カップに対して砂糖60g、塩小さじ2程度。

油揚げで味に深みが出ている。煮ているためやわらかく、子どもから高齢者まで食べやすい。日持ちもする一品。煮あえ（五目煮あえ）とも呼び、葬式や法事などにもつくられた。

ねずし

<つくり方> つくりやすい分量

1 大根3本とにんじん2〜3本は短冊切りにして塩ひとつまみをふり、一晩おく。

2 ひと塩の塩マス1尾は三枚におろして小骨を除き細かく角切りにする。

3 米1升を炊いて人肌程度に冷まし、野菜と塩マス、米麹1kgを混ぜる。このときせん切りのゆずの皮やしょうがを加えると生臭みが消える。

4 味をみて塩が足りなければ加え、容器に平らに詰め、枯れ朴葉をかぶせ、落とし蓋と軽めの重しをする。

5 水が上がるまで（約1週間）台所におき、その後、冷暗所で2週間、全体で約3週間たってから食べる。上澄み液は除いて盛りつける。

〈兵庫県〉

正月の膳

神戸の貿易商の家庭でつくられてきた正月の膳です。瀬戸内海から日本海まで、田畑も山も川もある広い兵庫県の風土によって育まれた山海の幸を盛りこんでいます。

お平は丹波の山の芋などの山の幸と、瀬戸内のさわらを盛り合わせた煮物椀です。お平とは器の呼び名からきています。具材はそれぞれを別々に煮て盛り合わせる手間のかかった一品です。祝いの鯛は大きい場合は膳の外に置きます。雑煮は煮た丸もちと輪切りの大根を入れた白味噌仕立てです。雑煮とは別にはまぐりのすまし汁がつくのは、味噌汁と吸いものが順々に供される本膳料理や懐石料理の流れを汲んでいるのでしょうか。

かつては元日の朝に家族と親戚が集まりました。銘々膳は低いほうが男膳、高いほうが女膳。まずお屠蘇で祝い、雑煮とお平をいただきます。そのあとで、はまぐりのすまし汁、その蓋を器にして、数の子やごまめ、黒豆などもいただきます。子どもたちは晴れ着を新調してもらい、うれしさと緊張の中で新年を迎えました。

協力＝宮道順子、宮道隆　著作委員＝原知子

右：男膳、左：女膳。膳の上は祝いの鯛から時計回りにお平、はまぐりのすまし汁、雑煮

撮影／高木あつ子

お平

＜材料＞4人分

- 干し椎茸（丸いもの）…4枚
- 椎茸の戻し汁…120mℓ
- 砂糖…大さじ4/5
- うす口醤油…小さじ1弱（5g）
- みりん…小さじ1

- かんぴょう
  …約30g（20cm 12本ほど）
- だし汁（昆布とかつお節）…250mℓ
- 砂糖…大さじ3/4
- みりん…大さじ1/4
- うす口醤油…小さじ1/2

- 丹波山の芋…約200g
- だし汁（昆布とかつお節）…125mℓ
- みりん…大さじ2と1/3
- うす口醤油…小さじ1/2
- 塩…小さじ1/6

- サワラ（1切れ40〜50gの小ぶりのもの）…4切れ
- だし汁（昆布だし）…120mℓ
- 酒…120mℓ
- うす口醤油…大さじ1

さやえんどう…12枚

＜つくり方＞

1 干し椎茸は水で戻し、戻し汁で煮る。汁けがなくならないうちに砂糖を加え、しばらく煮て甘味をしみこませてから醤油を加え、最後にみりんを加えて煮しめる。お重の椎茸と一緒につくってもよい。

2 かんぴょうは塩（分量外）でもんで戻し下ゆでし、結ぶ。だし汁と調味料を煮立たせた中に入れ、煮くずれないように煮含める。

3 さやえんどうは筋をとり、塩ゆで（分量外）する。

4 山の芋を1〜2cm幅の輪切りにして、丸くなるように皮をむき、調味料を入れただし汁で低温から煮てやわらかくする。

5 サワラは薄く塩（分量外）をしてしばらくおき、水けをふきとり、熱湯にくぐらせて臭みをとる。だし汁に酒と醤油を入れ、煮立たせたところへサワラを入れ、煮くずれないように紙蓋をする。ひと煮立ちしたら弱火にし、火を止めて煮汁につけたままおいて味を含める。

6 お平の中心にまず山の芋をおき、他の具材を周りに盛りつける。具材の煮汁は入れない。

〈宮崎県〉

正月料理

　県北西部に位置する諸塚村《もろつかそん》の料理です。村の94%は山林で、かつては林業、椎茸、茶、肉牛の複合経営が行なわれていました。

　おひらと呼ばれる正月の煮しめは、春に収穫し保存しておいたぜんまい、たけのこ、自宅で栽培した椎茸、里芋、手づくりの豆腐の厚揚げ、こんにゃくが材料です。これにいわしの塩焼き、白和え、なます、吸いもの、栗おこわ、煮豆の7種の祝い膳は大晦日に食べ、元旦は雑煮で正月を迎えます。おこわの勝ち栗は、収穫後、虫を除くために蒸して乾燥させたもので、季節の恵みを一年中利用しました。尾頭つきの塩いわしは正月のために、熊本県から箱ごと買ったそうです。

　三が日はあまり料理をしないですむよう煮しめなどを大量につくり、年始に来たお客さんに出し、雑煮とともに食べていました。昭和40年頃までは、正月料理は漆塗りの八重椀《はちじゅうわん》に盛り、お膳で食べていました。今はお膳も残っていますが、テーブルで食べる鍋物等が正月料理という家庭もあります。


協力＝藤本輝子、田崎みえ子、友枝寿子、山本幸子　著作委員＝長野宏子、篠原久枝

煮しめ

＜材料＞4人分

ぜんまい(乾燥)…10〜20g
干したけのこ…10g
干し椎茸…小4枚
昆布…20g
豆腐…1/2丁
こんにゃく…1/2枚
里芋…小4個
だし汁(煮干し)…2カップ
砂糖…大さじ2
酒…大さじ1
うす口醤油…大さじ1と1/2
塩…少々

＜準備＞

【12月30日】

1 沸騰した湯にぜんまいを入れ、そのまま冷ます。苦味を抜くために、たっぷりの水に浸す。赤い汁が出たら水を替える。赤い汁が出なくなるまで繰り返す。ザルに上げて水分をとる。
2 沸騰した湯の中に干したけのこを入れ、再度沸騰したら弱火から中火で2〜3時間、ゆがき続ける。その間にアクが出るので、洗って3cmほどの斜め切りにする。

【12月31日】

3 椎茸は水で戻す。昆布は水でさっと洗い、長いまま端から結ぶ。結び目と結び目の間を切ると、1人分になるくらいの間隔で。
4 豆腐の水けをきって1cm弱の厚さに切り、油で揚げる(厚揚げ)。三角形に切る。
5 こんにゃくは薄切り、または薄切りを田綱にする。里芋は皮をむいて塩をつけてヌメリをとり、洗う。

＜つくり方＞

1 椎茸と昆布をだし汁で煮る。
2 昆布をとり出し、たけのこ、ぜんまい、里芋、こんにゃくをやわらかくなるまで煮る。
3 厚揚げを入れ、とり出した昆布を戻し、砂糖、酒、醤油、塩を加える。
4 中火で5〜10分煮たら火を止めて落とし蓋をし、冷えるまでおいて味をしみこませる。
5 昆布は結び目と結び目の間を切る。
6 材料ごと、もろぶたまたは大ザルにあげて水けをとり、器に盛る。

◎本来はこの5〜10倍量つくる。これは大晦日に食べる1回分(4人分)の量。

＊　＊　＊

尾頭つきいわしの塩焼き

塩イワシを焼く。さわらの葉を敷き、柑橘の輪切りをのせる。

白和え

薄切りのこんにゃくを砂糖と醤油につける。細切りのにんじん、2〜3cmに切った白菜をゆでる。水きりした豆腐をすり鉢ですり、砂糖、塩、醤油を加えて混ぜる。こんにゃく、野菜、すりごまを加えて混ぜ、器に盛り、ごまをふる。

なます

大根、にんじんをせん切りして塩をする。せん切りの酢じめのアジと野菜を混ぜ、酢、砂糖、塩で和え、器に盛り、ごまをふり、松葉ゆずをのせる。

吸いもの

ヤマノイモをすりおろし、水きりしてつぶした豆腐と混ぜ合わせ、スプーンですくって油で揚げる。煮干しのだし汁に戻した干し椎茸を入れて火にかけ、うす口醤油、塩、酒で味を調える。椀に揚げたイモ、椎茸、つゆを入れ、ゆでた三つ葉と松葉ゆずをのせる。

栗おこわ

もち米は一晩浸水する。栗は木槌などで殻を割り、殻と渋皮を除いて煮る。小豆はやわらかくなるまでゆでる。もち米は水をきり、栗、小豆とゆで汁を混ぜ、せいろで蒸す。白ごまのごま塩をふる。

諸塚の雑煮

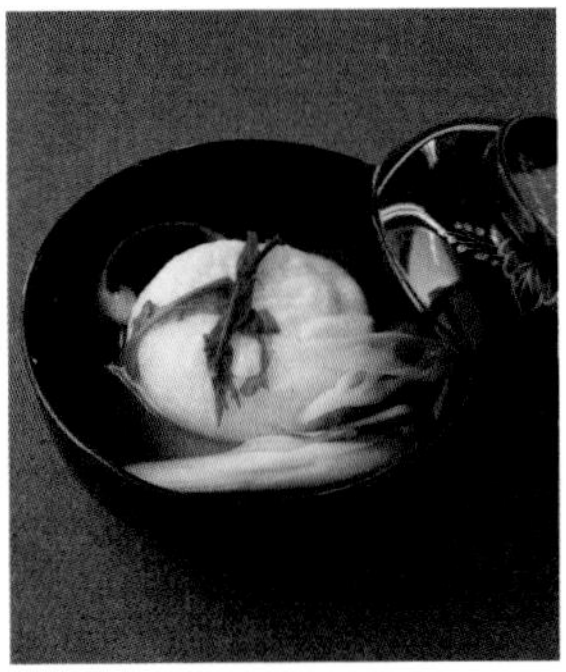

干し椎茸を入れた吸い物をつくって煮立て、長ねぎの斜め切り、ゆでた三つ葉を入れる。椀に椎茸を入れ、焼いた丸もちをのせ、汁を注ぎ、三つ葉をのせる。

手前左下から時計回りに栗おこわ、煮しめ、なます、白和え、吸いもの。膳の向こうはいわしの塩焼き

撮影／高木あつ子

これほど多様な日本の正月 伝えたい願いと故郷の味

本書に掲載された年取りや正月の料理を比較すると、食材の使い方や調理法、料理にこめた願いなどに特徴や地域特性が見えてきます。レシピを読んで、つくって、食べるときに注目すると面白い、そんな視点を紹介します。

柳田國男著『食物と心臓』（創元社）では、雑煮の原型は年越しに神に供えたもちをとりおろして、大根や里芋その他のものを混ぜて煮て食べる「餅ナオライ（直会）」ではないかとしています。

松下幸子著『祝いの食文化』（東京美術）によると、正月に雑煮を食べる習慣は室町時代から始まり、江戸時代の初めには将軍から貧しい人々まで雑煮を祝うようになりました。江戸時代には地域によりさまざまな特徴のある雑煮が食べられていたことが、多くの文献で指摘されています。また婚礼の献立に雑煮とあったり、茶屋女の呼び声にまんじゅうと雑煮があるなど、正月以外にも食べられていたようです。

本書では50種類以上の雑煮をみることができます。同じ県の中でも多様な要因によってもちの形、もちの調理法、だし、材料などが違い、いろいろな特徴がみられます。

●もちは角・丸？　焼く・ゆでる？

p48の「雑煮文化圏マップ」にあるように、本書に収録された雑煮でも、もちの形が角か丸かについては、三重（角・丸の混在）（p20）・福井（丸）（p18）あたりで分かれ、その地域以北は角もち（切りもち・のしもち）、以西は丸もちでした。ただ例外はあり、高知（p39）では角もちが一般的のようです。これは山内一豊の郷里、尾張藩（現在の愛知県）の雑煮に由来するそうです。鹿児島（p46）も、のしもちで焼いて食べるとありますが、これも何かいわれがあるのかもしれません。

また、大阪（p24）では高齢者が食べやすいようにとの配慮からうるち米を入れてついたもちを使ったり、和歌山（p27）ではうるち米ともち米に小豆を入れてついた赤い福もち（赤ぼろもち）を入れることも紹介されています。小豆の赤色が魔除けの役割や、おめでたさを表しているのでしょう。京都府北部（p22）では丸もちが1個100gもあるそうで、ボリュームのある大きなもちを食べる（食べられる）ことが正月を迎えられた喜びと重なっているように感じます。

もちの調理は焼く、ゆでる、だしの中でやわらかくする、などさまざまです。本書の中では、角もちは焼くことが多く、丸もちはゆでたり、だしの中でやわらかくしたりという傾向があります。奈良の雑煮（p28）では丸もちを焼いて、そのもちを砂糖入りのきな粉につけて食べるそうです。焼いたもちの香ばしさときな粉の風味が合うのでしょうか。きな粉はその色から豊作を意味しているそうです。

●甘い雑煮

奈良以外にも、雑煮に甘味をプラスする食べ方は多くあります。もちの上からくるみだれをかける岩手のくるみ雑煮（p6）、香川のあんもち雑煮（p38）、京都府北部、島根、鳥取（p22、30、32）など西日本の日本海側で食べられているぜんざいのような小豆雑煮などに加え、福井や徳島（p18、36）では黒砂糖を使った雑煮の話もあります。甘味が貴重だった時代の贅沢な食べ方が受け継がれているようです。

●もち以外の材料といわれ

もち以外で存在感のあるものは八つ頭・頭《かしら》芋・里芋などです。京都と奈良（p21、29）の頭芋を丸ごと使った雑煮は迫力があります。頭を取れるようにとの思いがこめられた材料です。八つ頭、里芋は子孫繁栄を願う意味から多くの地域で使われていました。

その他に多くの地域でみられた材料は大根とにんじんです。大根の白、にんじんの赤がめでたい色ということが背景にあるのでしょう。大阪・和歌山・奈良（p24、27、28）では、年末になると直径4～5㎝程度の雑煮大根

（青身大根・祝だいこん）が店頭に並び、これを輪切りにして雑煮に入れます。材料の輪切りは三重以西で多くみられます。和（輪）を大切に丸く収まるようにとの思い（p28）や、広島では丸い形には角がなく初日の出を表すというエピソード（p34）もありました。

かぶを使った雑煮は京都府北部（p23）と山口（p35）で見られました。京都府北部では先祖が同じ一族を「株」と呼ぶ風習があり、親族で集まり音が同じ「蕪」を入れた雑煮で新年を祝うそうです。山口からは、県全域で必ず雑煮に入る材料として紹介されています。ごちそうがそろう正月の料理の中ではあきのこないもので、大根よりも早く煮えるという長所もあるようです。

珍しいのは根つきのねぎが入った富山（p16）の雑煮です。これは、白髪が生えるまでの長寿を願う意味があるそうです。同様に、熊本（p44）では長寿を願う縁起物として、長さが30㎝にもなる豆もやしを入れることもあるようです。宮崎と鹿児島でも豆もやしを入れており（p45、46）、豆もやしはこのあたりで特徴的な具なのでしょうか。

①

徳島・東祖谷のもちなしの「打ち違え雑煮」（p37）には、ゆずりはの葉が添えられる。ゆずりはは、古い葉が新葉にゆずるように生え変わるので、次の世代に代々続いていく願いをこめたという。（撮影／長野陽一）

菜っ葉についても面白いいわれがあります。東京・品川の小松菜（p14）と和歌山の真菜（p27）は「名（菜）をあげる」縁起物で、和歌山では汁を飲み終えてからお椀に真菜が張りついていると「名を残す」と縁起をかついだそうです。一方、三重（p20）では菜っ葉は名を切るといって一切使わないようで、いろいろな解釈があるようです。

海藻も海辺の地域では重要な雑煮の材料です。千葉の雑煮（p12）に入れる「はば」は「年の初めに食べれば、一年中はばが利く」といわれる縁起物だそうです。

兵庫や広島の山間部では、はまぐりが正月ならではの材料です（p26、34）。はまぐりは口を開ける（年が明ける）ので縁起がいいとされ、日持ちもよいので使われたようです。兵庫でははするめやちくわも入れ、うま味が重なっています。するめのだしは岡山の山間部でもみられました（p33）。食べものではありませんが、徳島では、雑煮にゆずりはの葉を添える風習もありました（写真①）。

●正月の漆器と箸

食器・食具にも正月ならではの特徴があります。正月の食と切り離せない食器は漆器です。海外ではJapanと呼ばれる日本を代表する伝統工芸品です。漆器は耐久性や堅牢性から代々受け継がれているものと想像されます。器を持ち上げたときの軽さ、汁を飲むときの口に当たる温度感と質感が何ともいえずよいものです。漆器の内側は黒や朱色が一般的と思われますが、鹿児島の雑煮（p46）は見事な模様が入った漆器に盛られています。他にも煮物が盛られた重箱や平椀など、本書のあちこちに漆器が登場します。

正月の「祝箸」については、大阪の雑煮（p24）で詳しく紹介されています。両方が細くなっているのは片方は神様が、もう一方は人間が口にするという「神人共食」の意味合いがあります。箸が柳でつくられるのは、春一番に芽吹き、しなやかで折れないという意味があるようです。また、福岡の雑煮（p40）を食べる箸として紹介されている「栗はい箸」は、栗の枝でつくられています。形が不規則ですが、それを使いこなすと「やりくりがうまくなる」と縁起をかつぐそうです。

●酸味の正月料理　なますと漬物

なます・漬物では7種類の料理が紹介されています。酸味のきいた料理はごちそうを食べた後の口をさっぱりとさせ、後味をよくしてくれる役割があるのでしょうか。自家製の大根やゆずを使う埼玉のゆず巻き（p72）、正月だからこそ贅沢にぶりを加える石川のぶりなます（p73）、特産の落花生を加えて脂質のコクと豆の香ばしさが加わる静岡の落花生なます（p74）など、いろいろです。

京都と奈良からは柿入りなますが紹介され

東京・奥多摩のいかにんじん（レシピ掲載なし）。するめとにんじんを甘酢に漬け、暮れから小正月頃まで食べる。食べ慣れているなますより、正月だけにつくるいかにんじんについ手が伸びる。（協力・大串久美子／著作委員・大久保洋子、香西みどり）（撮影／長野陽一）

ています（p75、76）。干し柿の自然な甘味がよい味を出してくれるようです。いずれも「鶴の子」という小ぶりな品種の柿を干して使っています。茶の産地である京都の宇治田原ではもともとは茶の木の霜よけとして柿が栽培されていたようです。岐阜の煮なます（p111）はなますと呼びますが加熱しています。宮崎の酢にんじん（p77）も加熱することで日持ちをよくしていました。

愛媛の緋のかぶら漬けは鮮やかな色が特徴です（p78）。緋のかぶが、家々に植えられた「代々続く」縁起のよいだいだいの甘酢と出合うことで、とても美しい緋色に変わります（写真②も参照）。

●ところ変われば　昆布巻きと煮豆

昆布巻きは、北海道の松前（p59）ではにしんと真昆布、茨城（p60）はわかさぎと日高昆布、群馬（p61）では塩引き鮭と日高昆布、岡山（p65）では川魚のはえと昆布と、芯にする具材も地域によりさまざまです。愛知（p62）ではふなの幼魚をあらめで三角形に巻き、ずいきで結びます。伊勢湾をはさんだ三重もはぜをあらめで巻いています（p64）。

今ではおせちの煮豆といえば黒豆で、本書でも丹波黒大豆の産地・兵庫から紹介されていますが（p70）、煮豆にもいろいろあるようです。黒豆を含む7種類の縁起のよい材料をそれぞれに味つけをし、混ぜ合わせたじゃり豆（p66）や、落花生の甘い煮豆を野菜の煮物と混ぜたじゃじゃ豆（p67）が和歌山の正月料理です。徳島には根菜類と金時豆の甘煮を合わせたれんぶ（p68）があります。徳島では五目ずしやお好み焼きにも金時豆の甘煮を入れます（既刊「すし」「そば・うどん・粉もの」参照）。れんぶには根菜類のほか、高野豆腐、こんにゃくに梅干しも入り、酸味が料理のアクセントになっているそうです。

ほかにも群馬ではうずら豆や花豆の煮豆（p61）、宮崎では金時豆の煮もの（p77）、鹿児島の白いんげんの甘煮（p92）などが紹介されており、各地で多様な豆が正月の煮豆となっています。

●ボリュームたっぷり　煮物・煮しめ

新潟の正月煮もん（p88）、兵庫の煮しめ（p91）は大皿に盛りつけられダイナミックです。正月煮もんは、大晦日の年取りから正月3日までに食べる1人分、16種類の煮物が直径30㎝の大皿に盛りつけられるそうです。兵庫の煮しめは自家製の根菜や里芋やこんにゃく、高野豆腐が入り、野菜が豊富な農業地域ならではの煮しめになっています。

岩手の煮しめ（p82）は乾燥ぜんまいや塩蔵のうど、山形のひょう干しの煮物（p84）ではスベリヒユという野草を初夏までに採取して干したものを入れています。野菜が不足する冬場の食料とする生活の知恵であると同時に、いろいろなものを手間暇かけて保存し、生とは異なる旨みをもつ保存食の食文化が受け継がれています。福島県のおひら（p85）では、産卵期の春にとった川魚のうぐい（はや）の焼き干しを使い、寒さ厳しい大晦日に春を思い起こしているようです。

春を待ち望む煮物には鹿児島の春羹（p92）もあげられます。春を告げるたけのこや季節の野菜、豚三枚肉などを煮た武家社会の格式ある料理でもあります。

●その地域ならではの年取り・正月料理

テレビなどのマスコミの影響か、おせちの定番的な料理が全国的に広まる一方で、まだまだその地域ならではの料理が大晦日や正月に食べられていることもわかります。

魚をご飯と麹で漬けこんだ北海道の鮭のいずし、石川のかぶらずしと岐阜のねずし（p50、52、111）、魚とご飯だけで発酵させる岐阜の鮎のなれずしと滋賀のふなずし（p54、56）のように、地域独特の発酵食が正月に欠かせないものになっています。短くても3週間ほど前から、長いものでは夏から正月のために仕込みます。詳細なプロセス写真があるので、つくってみたくなります。各地で正月につくられるなれずしやいずしは既刊「すし」「魚のおかず」（2冊）にも紹介されています。

他にも、あんこうの身を肝と味噌で和えた秋田のあんこうのとも和え（p95）、岩手では鮭の身といくらを醤油で漬けた紅葉漬け（p96）、宮城では大きな卵をかかえたなめたがれいの煮つけ（p98）、異国の香りがする長崎らしい紅さしの南蛮漬け（p99）など、魚の食べ方もいろいろです。

かための豆腐を串焼きにした和歌山の豆腐焼き（p100）、辛子味噌が詰まった熊本の辛子れんこん（p101）、卵を魚のすり身で包んで揚げた大分のくじゃく（p102）など、県外の人からすると珍しいのではないかと思いますが、地元では年越しや正月にはこれがないと、と親しまれてきた料理です。

宮崎のきんかんの甘煮（レシピ掲載なし）。おせち料理に必ず入る。きんかんの木はお金に縁があると家々に植えていた。正月の客にはきんかんの甘煮、酢漬けあじ、酢にんじん（p77）、金時豆の煮豆などを出した。（協力・濱田寛子／著作委員・磯部由香）（撮影／高木あつ子）

雑煮に甘い味をつける例がありましたが、青森（p103）では茶碗蒸しを甘く仕上げます。矢羽模様が美しい茨城のようかん（p104）や、正月の寄せ物として定着している栃木の水ようかん（p105）など、正月の甘味の楽しみ方もいろいろです（写真③も参照）。

雑煮とは異なる汁物もみられます。野菜や豆腐、たこやちくわをさいの目に切りそろえて煮た北海道のつぼ（p106）や山梨のけんちん汁（p107）は、いずれもたくさんつくって年取りから正月にかけて温め直しながら何日も食べたものです。正月に家事をしないですむようにという、煮しめにもよくみられる食べ方です。独自の文化をもつ沖縄では豚のもつを丁寧に下ごしらえした中身汁（p108）が祝い事に欠かせない料理として登場します。

兵庫の正月の膳（p112）と宮崎の正月料理（p114）や大阪の正月料理（写真④）をみると、正月料理といっても地域ごとに多様なことがよくわかります。

●食材とつくり方の変化

精進だった雑煮に鶏肉などが入るようになったという宮城や三重や熊本（p10、20、44）の話からは、シンプルだった伝統食が時代とともに変化している様子がうかがえます。

環境の変化で食材やつくり方も変わります。愛知（p62）では伊勢湾台風とその後の環境汚染で川魚がとれなくなったとされ、長崎（p99）では紅さしが温暖化の影響か、小ぶりなものが多くなったといいます。千葉のはばのりの収穫量が減少している（p12）のも、そうした環境の変化が背景にあるのでしょうか。

石川のかぶらずし（p52）は最近は暖冬が多いので塩を強めにする、あるいは冷蔵庫で保存するなどの、従来とは違ったつくり方が必要になってきているようです。

大阪の正月の用意。白味噌の雑煮（p24）の他に、にらみ鯛は三が日は並べるが箸をつけず、3日の夕食に食べた。重箱にはなにわの伝統野菜である吹田くわいや金時にんじんの含め煮、たたきごぼう、きずし（若いさわら「さごし」の酢じめ）などが並ぶ。鏡もちの上にのせるものは白板昆布、串柿、だいだいと決まっていた。（協力・古谷泰啓・惇子、川勝晴美、木下孝宏／著作委員・阪上愛子）（撮影／高木あつ子）

＊＊＊

2020年は新型コロナウイルスの影響で人々が集まることが難しくなりました。今後は年越し、そして新年を迎える場面はどのように変化するのでしょうか。人々が集うことのよさ・温かさ、そして伝統が受け継がれていく大切さを感じられる時間が過ごせたらと願っています。

（東根裕子）

調理科学の目 1

伝統的な正月料理
その多様性と実態

大越ひろ（日本女子大学名誉教授）

本書ではじつに多様な雑煮と正月の料理がみられます。地域の伝統を反映した正月料理の特徴はどのようなもので、正月の過ごし方にはどのような変化がみられるのでしょうか。

●正月料理の調理の特徴

正月料理は大晦日までにつくり、三が日は包丁を使う必要がないように用意するものといわれています。では、3日間は傷まずに食べられる調理の仕組みはどういうものでしょうか。現代では比較的定番となっている、重箱に盛るおせち料理（※1）をイメージしながら考えてみます。

まず、正月に欠かせない「祝い肴」三種として、黒豆、数の子、田作り、たたきごぼうのいずれかが用意され一の重に詰められます。また、きんとん、昆布巻き、伊達巻などの口取り（山海の幸と甘いものを揃えた酒の肴）に相当する品が入ります。黒豆やきんとんには砂糖が大量に（いずれも50%以上）使われました。浸透圧が高くなり食材は脱水し水分活性（微生物が利用できる水分）が低くなるため、微生物の繁殖が抑えられ日持ちします。

二の重には海の幸の焼き物が入ります。味噌漬けや塩蔵されたものを焼くため塩分濃度も高く、しかも表面が焼かれることで水分活性が低くなり、微生物の繁殖が抑えられます。

三の重に入れることが多い山の幸の煮物は、煮汁をほとんど残さない煮しめや煮つけ、炒り煮などの調理で食材が脱水されます。さらに味つけは濃いめのものが多く、醤油や砂糖で浸透圧も高くなって水分活性を低くしています。

与（四）の重には、酢の物や和え物を入れることが多いです。紅白なますなどの酢の物が日持ちする原理は脱水や水分活性の抑制とは異なり、酸性（pH3・5以下）にすると微生物の繁殖が抑えられるためです。

●年取り魚のいろいろ

各地で、新年に訪れる歳神様に供える最高のごちそうとして、大晦日に「年取り膳（年取り魚）」を用意する風習があります。

「年取り魚」は、東日本ではサケ、西日本ではブリといわれています。その境界線は一説には、糸魚川と静岡を結ぶ糸魚川ー静岡構造線（フォッサマグナ）といわれています。

『長野県史』（※2）によると信濃川流域で新潟県に近い地域（中野市など）は、主にサケが年取り魚とされていますが、長野市およびその上流周辺地域では、サケとブリが混在しています。さらに上流地域（小諸市、佐久市など）はサケが主となっています。こうした習俗は、サケの生態や塩ザケと塩蔵ブリの流通および人々の交流等々の要因が複雑に絡みあい、できあがったものでしょう。今後どのように変化していくのかも含めて興味深いテーマです。

本書では、岐阜県でイワシやブリが年取りの魚として登場します（p110）。また、宮崎県では、尾頭つきの塩イワシ（p114）が年取り魚のようです。宮城県ではナメタガレイが年取り魚となっています（p98）。筆者は新潟市でも山伏（ナメタガレイ）が年取り魚と教えられたことがあります。他にも子持ちの魚は年取り魚になるそうです。福島県（p85）で、産卵期にとった川魚のウグイを祝いの膳につけるのも同様でしょう。

●もちなし雑煮の広がり

雑煮にもちが入らず、もちの代わりに芋を用いたり、雑煮でなく小豆飯を食べるといった風習を「もちなし正月」といいます。本書では全部で56種の雑煮の写真が掲載されていますが、もちが入っていないものは3種ありました。

宮崎県の「いもんこんすい」（p45）では、子孫繁栄を願ってもちの代わりに里芋を入れるそうです。また、徳島県の東祖谷の「打ち違え雑煮」（p37）は平家の落人伝説があり、もちの代わりに岩豆腐を芋の上に重ねたそうです。和歌山県の旧大塔村に伝わる「ぼうり」（p47）は大きな里芋の親芋を丸ごと煮しめたもので、これが雑煮の代わりになるそうです。

図1はもちの入らない雑煮の分布を示したものです。落人伝説が多かった一部の山間地で集中するようですが、全体的に見て西か東か、海辺か内陸かといった偏りは見られません。これは1960年代の調査ですが、現在でもこうした風習が続いているところはあるようです。

もちを入れない理由として、大阪府では「先祖の苦労をしのぶため」、埼玉県では「先祖が芋と冷や飯を食べて財産を残した」などの言い伝えが挙げられています。もちの代わりに、かぶや里芋を入れることが多いようです（※3）。正月の迎え方の多様性がうかがわれます。

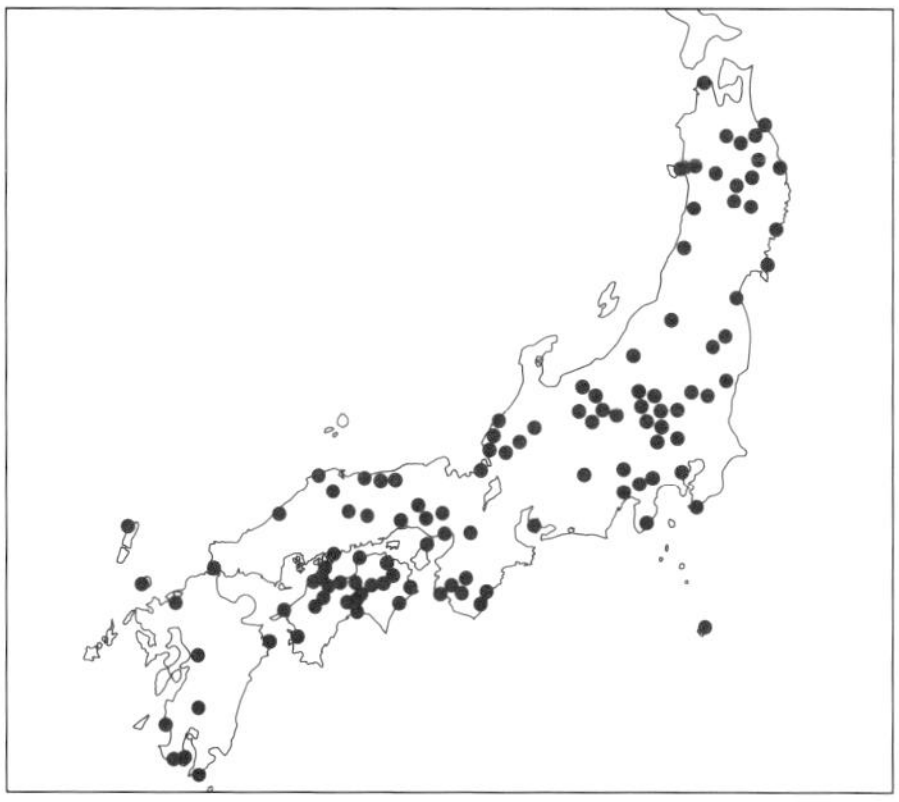

図1　もち以外のものを新年の正式食物とする地域（【※3】より）

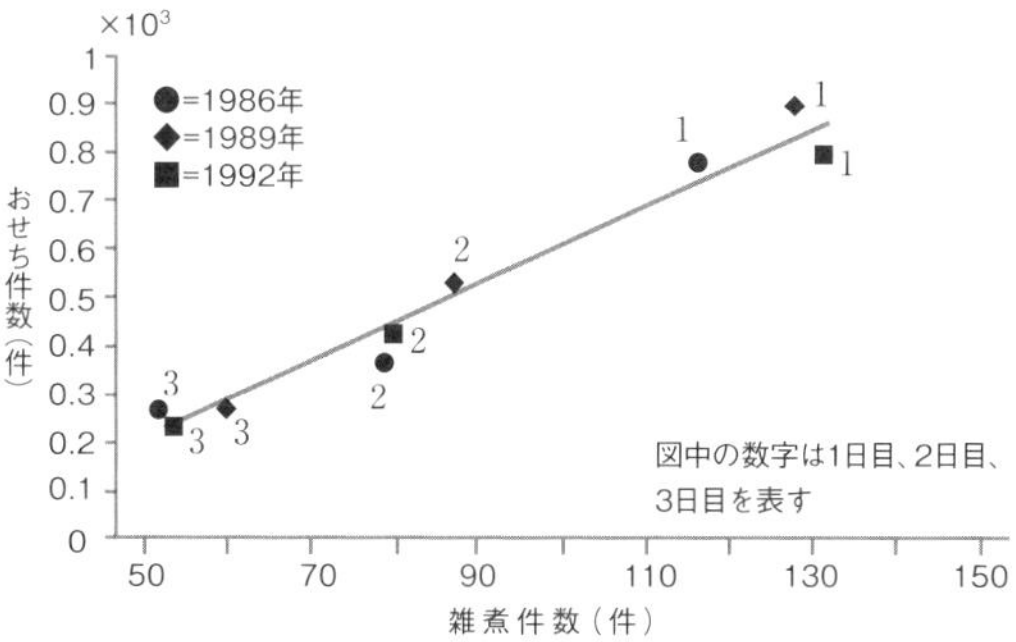

図2　雑煮件数とおせち件数の相関（【※4】より）

●正月の過ごし方の実態

地域ごとに多様な文化を伝え継ぎながら、昭和30年から40年代までは、三が日は雑煮とおせち料理を食べて過ごすことが当たり前でした。

その後、高度経済成長を経て米の摂取量は減少し、肉や乳製品などの割合が増加していきます。日常の食事の傾向は国民栄養調査である程度把握できますが、正月のような非日常の食生活について調査されたものは多くはありません。そこで、三が日の何時頃に、どのような食事を喫食していたのかについて調査し分析した研究を参考に述べてみます（※4）。

この研究は1986年（昭和61年）と1989年（平成元年）、1992年（平成4年）の3か年の正月を対象とした調査のまとめです。主として首都圏の家庭の実態調査です。

三が日にどのくらいの頻度で、雑煮やおせちを喫食していたかについて図2に示しました。雑煮とおせちを食べていた割合は1日目（元日）が多く、2日目3日目と進むごとに減少していました。2日目以降は、雑煮よりも、白飯など日常的な食事様式に移行する場合が多いようです。

喫食時間についても調査しました。1日目は3か年とも10時過ぎにピークがみられ、ブランチ的な時間となっていました。元日の朝食はゆっくりとり、あとは夕飯1回の2回食が多い傾向がみられます。2日目、3日目になると平日と同様に7時、12時、18時にピークがあり、3回食に戻ってきています。内容と時間からみて、正月らしい非日常の食事は元日にのみ顕著になっているようです。皆さんの家庭ではどうでしょうか。

つい最近まで、デパートは元日から営業し、コンビニエンスストアーも年中無休でしたから、3日間食べ続けるための料理を用意する必要もありませんでした。しかし、働き方改革や新型コロナウイルスの影響で社会生活が大きく変化しているので、今後は今までとは異なる正月になるかもしれません。正月が伝統的な料理やそれに伴う言い伝えなどが伝承されるよい機会になるよう、本書が活用されることを願っています。

【※1】松下幸子『祝いの食文化』（東京美術）（1991年）
【※2】長野県『長野県史　民俗編　第五巻　総説Ⅱ　さまざまな暮らし』（長野県史刊行会）（1991年）
【※3】坪井洋文『イモと日本人』（未来社）（1979年）
【※4】名倉秀子ほか「正月の食生活の実態（第1報）三が日の喫食料理の時系列解析」『日本家政学会誌』第47巻1号（1996年）

調理科学の目2

歳神《としがみ》様を迎える正月行事と料理

名倉秀子（十文字学園女子大学教授）

正月の行事は、歳神様（歳徳神《としとくじん》）を迎えて祀《まつ》り、その年の豊穣と繁栄・幸福を祈る神祀りといわれています。そして、神様に供えた神饌《しんせん》（食べ物）を下げて、家族がいただくことを直会《なおらい》といい、神人共食する食べ物が正月の料理ということです。西暦2000年の正月を迎えようとする12月に、古式ゆかしい正月の行事を続けている新潟県北部の県境の旧家を調査しました（※1、2）。

年迎えの準備

毎年12月上旬すぎの煤《すす》払いから正月の準備が始まります。28日に神主さんが訪れて、新しい御幣《ごへい》を神棚の大神宮様（伊勢神宮の内宮《ないくう》と外宮《げくう》、天照大御神《あまてらすおおみかみ》と豊受大御神《とようけのおおみかみ》）、山の神様（所有する山の麓）、火の神様（台所）、井戸の神様、屋外のお稲荷様に捧げる古月《ふるつき》祓《ばら》いを行なっています。また、28日は、家族で鏡餅、お供え用の小丸餅、仏様と家族用に角餅（切り餅）を準備しています。「一臼で餅をつくるものではなく、二臼でつくる。後家になるから」との言い伝えに従って、よもぎ入りの草餅も搗いています。30日は、山から伐った松の枝を神棚に縄で巻き止めた松飾りをつくります。お供え用の鏡餅は、朱塗りの鉢台に2枚重ね、その上に3つの小さい丸餅、その上に橙《だいだい》を置いて神棚の正面に供えます。

年夜《としや》の膳と正月の膳の料理

この地域では、31日の日没後に、歳神様などが訪れ、年迎えの行事が行なわれています（※3）。この時に年夜の膳、元日には正月の膳が屋内外に祀られる8柱《はしら》の神様にそれぞれ供えられます。

年夜の膳、正月の膳の料理が上の表です。古峯ヶ原《こぶがはら》様（古峯《ふるみね》の大神様、日本武尊《やまとたけるのみこと》）は、「なまぐさはお召し上がらないから」と昆布とだし汁の汁物に、じんぎり（鮭）を栗きんとんと錦玉子に代えています。大神宮様のじんぎりは一びれ（いちばん上等なかまの部分）を、恵比寿様と大黒様のじんぎりは生の切り身を盛っています。

お供え餅は、小さい丸餅と松の1枝が丸盆に盛って供えられます。正月の膳は、汁椀、小皿の2品で質素ですが、汁椀には切り餅と山のもの（山菜や木の実）、里のもの（野菜、豆）を入れた雑煮になっています。ここでも、古峯ヶ原様にはなまぐさのものが入らない料理をお供えしていました。

神人共食の年夜と正月の料理

旧家には、大神宮様（内宮と外宮）、古峯ヶ原様、恵比寿様、大黒様、稲荷様、金毘羅様、歳徳神様の順にお膳を供えるしきたりがあります。祈祷した後も、その順でお下がりの膳を家族の前に置いていきます。大神宮様は家長と長男、古峯ヶ原様は次男などと、毎年変わることなく昔からの慣習に従って行なわれます。そのため、次男はじんぎりをいただく機会がなかったとのことです。これは、1990年までの行事で、調査の年は、汁を鍋に戻して温め直し、神様の序列に関わらずお下がりの膳から家族で好みの料理をいただいているようでした。形がわずかに変わるものの、伝統的な神人共食が行なわれていました。

表　神様と年夜の膳とお供え餅・正月の膳の料理

屋内外の神		大神宮様（内宮、外宮）、稲荷様、金毘羅様、歳徳神様	古峯の大神様（古峯ヶ原様）	恵比寿様、大黒様
年夜の膳	飯椀	ご飯（一文字に盛る）	ご飯（一文字に盛る）	ご飯（一文字に盛る）
	汁椀	清汁（白菜、にんじん、ごぼう、じきいも*、厚揚げ、打ち豆、だし汁）	清汁（昆布、だし汁）	清汁（白菜、にんじん、ごぼう、じきいも*、厚揚げ、打ち豆、だし汁）
	皿	じんぎり（一びれ）の焼き物	栗きんとん、錦玉子	じんぎりの生のもの
	平	山芋のすりおろし	山芋のすりおろし	山芋のすりおろし
	おかさ	赤かぶ、糸引き納豆	赤かぶ、糸引き納豆	赤かぶ、糸引き納豆
お供え餅		丸餅3つ（丸盆に松1枝添）	丸餅3つ（丸盆に松1枝添）	丸餅3つ（丸盆に松1枝添）
正月の膳	汁椀	清汁（切り餅、鶏肉、厚揚げ、大根、にんじん、ごぼう、わらび、ぜんまい、打ち豆、くるみ、だし汁）	切り餅	清汁（切り餅、鶏肉、厚揚げ、大根、にんじん、ごぼう、わらび、ぜんまい、打ち豆、くるみ、だし汁）
	小皿	昆布、いくら	昆布、黒豆	昆布、いくら

神様により異なる料理内容に色付けした。*じきいもは、ずいきいも（からとりいも）を指す。

【※1】名倉秀子「現代の食生活にみる行事食の特徴」『日本調理科学会誌』第45巻1号（日本調理科学会）（2012年）
【※2】名倉秀子「正月の行事食に関する事例研究」『十文字学園女子大学人間生活学部紀要』第3巻（2005年）
【※3】井上忠司、サントリー不易流行研究所『現代家庭の年中行事』講談社（1993年）

都道府県別　掲載レシピ一覧

●1つが掲載した料理1項目を表します。

野菜加工品・山菜加工品

いも・いも加工品

きのこ・きのこ加工品

豆・豆加工品

海藻・海藻加工品

種実類

果物・果物加工品

麦加工品

調味料・粉類

※項目ごとに五十音順。

素材別索引

米・米加工品

魚介

魚介加工品

肉・卵

野菜

その他の協力者一覧

本文中に掲載した協力者の方々以外にも、調査・取材・撮影等でお世話になった方々は各地にたくさんおいでです。ここにまとめて掲載し、お礼を申し上げます。（敬称略）

北海道　前田正憲、松前町農漁村生活改善グループ、松前町教育委員会

青森道　弘前地区生活改善グループ連絡協議会、中南地域県民局地域農林水産部農業普及振興室、笹森得子

岩手県　佐々木梅子、里見美香子、佐々木善子、小森多恵子

宮城県　後藤みち子、尾形貞子

福島県　湯田由美

茨城県　高野千代子、深作加代子、山口雅子、薄井眞理子、八郷保健センター、石岡市保健センター

栃木県　藤田スミ

東京都　青木由佳、安井敦子、平原幸子、望田千恵子

新潟県　いずみの広場渡辺農園、新潟県生活文化研究会

富山県　渡辺陽子

福井県　仁愛女子短期大学

山梨県　上野原市食生活改善推進員協議会

長野県　松澤しづ恵

岐阜県　大前のり子、日下部智恵子、伊藤あけみ、森保夫、杉山寿美子、大塚清史、臼井裕順

愛知県　佐藤玉枝、笹野明美、大内浪子、岡本千代子、鈴木都、鈴木茂子、前田栄子、若松街子、渡辺みさ子、河合紀代、辻孝子

京都府　佐織一枝、原秀子、水口澄子、大谷美恵子、平田照子

大阪府　山本善信・桂子、黒門魚豊、森輝子、吹田くわいを学ぼう会、高山堂

兵庫県　宍粟市健康福祉部千種保健福祉課、宍粟市役所健康福祉部保健福祉課、岸田和士

和歌山県　有田振興局・花田裕美、那賀振興局・森博子、伊都振興局・大東京子、海草振興局・武田眞理、宮本富美子、山本鈴代

島根県　島根県食生活改善推進協議会、島根県立大学（平成30年度学術研究特別助成金）

広島県　中村光子、比原佐和子、藤田恭子、浴澄枝、梅木麗子、小田千里

高知県　小松利子、岩目博子

長崎県　島原市食生活改善推進員協議会、島原市福祉保健部保険健康課健康づくり班

熊本県　社会福祉法人喜育園立山東こども園

宮崎県　田中洋子、星野永子、西村マチヨ、松葉久美、都城西岳加工グループ、塚野米、甲斐紀子、今東香、坂本美奈子、松留あけみ

「伝え継ぐ 日本の家庭料理」著作委員一覧

（2020年10月1日現在）

北海道　菅原久美子（元札幌国際大学短期大学部）／菊地和美（藤女子大学）／坂本恵（札幌保健医療大学）／木下教子（北翔大学）／土屋律子（元北翔大学）／藤本真奈美（光塩学園女子短期大学）／村上知子（元北海道教育大学）／山口敦子（天使大学）／佐藤恵（光塩学園女子短期大学）／伊木亜子（函館短期大学）／畑井朝子（元函館短期大学）／宮崎早花（酪農学園大学）／田中ゆかり（光塩学園女子短期大学）

青森県　北山育子（東北女子短期大学）／安田智子（東北女子短期大学）／熊谷貴子（青森県立保健大学）／今井美和子（東北栄養専門学校）／澤田千晴（東北女子短期大学）／下山春香（元東北女子短期大学）

岩手県　髙橋秀子（修紅短期大学）／長坂慶子（岩手県立大学盛岡短期大学部）／魚住惠（元岩手県立大学盛岡短期大学部）／菅原悦子（元岩手大学）／村元美代（盛岡大学）／渡邉美紀子（修紅短期大学）／冨岡佳奈絵（修紅短期大学）／佐藤佳織（修紅短期大学）／阿部真弓（元修紅短期大学）／松本絵美（岩手県立大学盛岡短期大学部）／岩本佳恵（岩手県立大学盛岡短期大学部）

宮城県　高澤まき子（仙台白百合女子大学）／野田奈津実（尚絅学院大学）／和泉眞喜子（元尚絅学院大学）／宮下ひろみ（東都大学）／濟渡久美（尚絅学院大学）／矢島由佳（仙台白百合女子大学）

秋田県　高山裕子（聖霊女子短期大学）／熊谷昌則（秋田県総合食品研究センター）／長沼誠子（元秋田大学）／山田節子（元聖霊女子短期大学）／三森一司（聖霊女子短期大学）／髙橋徹（秋田県総合食品研究センター）／逸見洋子（元秋田大学）／大野智子（青森県立保健大学）／駒場千佳子（女子栄養大学）

山形県　齋藤寛子（山形県立米沢栄養大学）／宮地洋子（東北生活文化大学短期大学部）／平尾和子（愛国学園短期大学）／佐藤恵美子（元新潟県立大学）

福島県　加藤雅子（郡山女子大学短期大学部）／會田久仁子（郡山女子大学短期大学部）／中村恵子（福島大学）／柳沼和子（郡山女子大学）／津田和加子（桜の聖母短期大学）／福永淑子（文教大学）／阿部優子（元郡山女子大学短期大学部）

茨城県　渡辺敦子（元茨城キリスト教大学）／荒田玲子（常磐大学）／吉田惠子（晃陽看護栄養専門学校）／石島恵美子（茨城大学）／飯村裕子（常磐大学）／野口元子

栃木県　名倉秀子（十文字学園女子大学）／藤田睦（佐野日本大学短期大学）

群馬県　綾部園子（高崎健康福祉大学）／堀口恵子（東京農業大学）／神戸美恵子（桐生大学）／阿部雅子（東都大学）／高橋雅子（明和学園短期大学）／永井由美子（群馬調理師専門学校）／渡邉靜（明和学園短期大学）

埼玉県　島田玲子（埼玉大学）／河村美穂（埼玉大学）／土屋京子（東京家政大学）／加藤和子（東京家政大学）／成田亮子（東京家政大学）／名倉秀子（十文字学園女子大学）／木村靖子（十文字学園女子大学）／松田康子（女子栄養大学）／駒場千佳子（女子栄養大学）／徳山裕美（帝京短期大学）

千葉県　渡邊智子（淑徳大学）／柳沢幸江（和洋女子大学）／今井悦子（聖徳大学）／石井克枝（元千葉大学）／中路和子／梶谷節子／大竹由美

東京都　加藤和子（東京家政大学）／宇和川小百合（東京家政大学）／赤石記子（東京家政大学）／伊藤美穂（十文字学園女子大学）／色川木綿子（東京家政大学）／大久保洋子（元実践女子大学）／香西みどり（お茶の水女子大学）／佐藤幸子（実践女子大学）／白尾美佳（実践女子大学）／成田亮子（東京家政大学）

神奈川県　櫻井美代子（元東京家政学院大学）／大越ひろ（元日本女子大学）／増田真祐美（成立学園高等学校）／大迫早苗（相模女子大学短期大学部）／酒井裕子（相模女子大学）／清絢／小川暁子（神奈川県農業技術センター）／河野一世（奈良食と農の魅力創造国際大学校）／津田淑江（元共立女子短期大学）

新潟県　佐藤恵美子（元新潟県立大学）／太田優子（新潟県立大学）／立山千草（新潟県立大学）／山口智子（新潟大学）／伊藤直子（元新潟医療福祉大学）／玉木有子（大妻女子大学）／伊藤知子（新潟県栄養士会）／小谷スミ子（元新潟大学）／山田チヨ（新潟県栄養士会）／松田トミ子（新潟県栄養士会）／長谷川千賀子（悠久山栄養調理専門学校）／渡邊智子（淑徳大学）

富山県　深井康子（富山短期大学（非））／守田律子（元富山短期大学）／原田澄子（金沢学院短期大学）／稗苗智恵子（富山短期大学）／中根一恵（富山短期大学）

石川県　新澤祥恵（北陸学院大学短期大学部）／川村昭子（元金沢学院短期大学）／中村喜代美（北陸学院大学短期大学部（非））

福井県　佐藤真実（仁愛大学）／森恵見（仁愛女子短期大学）／谷洋子（元仁愛大学）／岸松静代（元仁愛女子短期大学）

山梨県　時友裕紀子（山梨大学）／柘植光代（元日本女子大学）／阿部芳子

（元相模女子大学）／松本美鈴（大妻女子大学）／坂口奈央（山梨県立北杜高等学校）

長野県　中澤弥子（長野県立大学）／吉岡由美（元長野県短期大学）／高崎禎子（信州大学）／小木曽加奈（長野県立大学）／小川晶子（長野県立大学）

岐阜県　堀光代（岐阜市立女子短期大学）／西脇泰子（元岐阜聖徳学園大学短期大学部）／長屋郁子（岐阜市立女子短期大学）／坂野信子（東海学園大学（非））／木村孝子（東海学院大学）／辻美智子（名古屋女子大学）／横山真智子（各務原市立鵜沼中学校）／山根沙季（中京学院大学短期大学部）／長野宏子（元岐阜大学）

静岡県　新井映子（静岡県立大学）／高塚千広（東海大学短期大学部）／市川陽子（静岡県立大学）／伊藤聖子（静岡県立大学）／神谷紀代美（浜松調理菓子専門学校）／川上栄子（元常葉大学）／清水洋子（元静岡英和学院大学短期大学部）／竹下温子（静岡大学）／中川裕子（実践女子大学）／村上陽子（静岡大学）

愛知県　西堀すき江（元東海学園大学）／小出あつみ（名古屋女子大学）／近藤みゆき（名古屋文理大学短期大学部）／石井貴子（名古屋文理大学短期大学部）／小濱絵美（名古屋文理大学短期大学部）／加藤治美（元名古屋文理栄養士専門学校）／山内知子（元名古屋女子大学）／松本貴志子（元名古屋女子大学短期大学部）／間宮貴代子（名古屋女子大学）／伊藤正江（至学館大学）／森山三千江（愛知学泉大学）／山本淳子（愛知学泉短期大学）／野田雅子（愛知淑徳大学（非））／廣瀬朋香（元東海学園大学）／亥子紗世（元東海学園大学）／筒井和美（愛知教育大学）／羽根千佳（元東海学園大学）

三重県　磯部由香（三重大学）／飯田津喜美（三重短期大学）／水谷令子（元三重大学）／成田美代（元三重大学）／平島円（三重大学）／久保さつき（鈴鹿大学）／鷲見裕子（高田短期大学）／乾陽子（鈴鹿大学短期大学部）／駒田聡子（皇學館大学）／阿部稚里（三重短期大学）／奥野元子（元島根県立大学短期大学部）／萩原範子（元名古屋学芸大学短期大学部）／小長谷紀子（安田女子大学）

滋賀県　中平真由巳（滋賀短期大学）／山岡ひとみ（滋賀短期大学）／石井裕子（武庫川女子大学（非））／小西春江（園田学園女子大学短期大学部）／久保加織（滋賀大学）／堀越昌子（元滋賀大学）

京都府　豊原容子（京都華頂大学）／湯川夏子（京都教育大学）／桐村ます美（元成美大学短期大学部）／河野篤子（京都女子大学）／坂本裕子（京都華頂大学）／福田小百合（京都文教短期大学）／米田泰子（元京都ノートルダム女子大学）

大阪府　東根裕子（甲南女子大学）／八木千鶴（千里金蘭大学）／阪上愛子（元堺女子短期大学）／澤田参子（元奈良文化女子短期大学）／原知子（滋賀短期大学）／山本悦子（元大阪夕陽丘学園短期大学）

兵庫県　田中紀子（神戸女子大学）／片寄眞木子（元神戸女子短期大学）／坂本薫（兵庫県立大学）／富永しのぶ（兵庫大学）／本多佐知子（金沢学院短期大学）／中谷梢（関西福祉科学大学）／作田はるみ（神戸松陰女子学院大学）／原知子（滋賀短期大学）

奈良県　喜多野宣子（大阪国際大学）／志垣瞳（元帝塚山大学）／三浦さつき（奈良佐保短期大学）／島村知歩（奈良佐保短期大学）

和歌山県　青山佐喜子（大阪夕陽丘学園短期大学）／三浦加代子（園田学園女子大学）／川原崎淑子（元園田学園女子大学短期大学部）／橘ゆかり（神戸松蔭女子学院大学）／川島明子（園田学園女子大学）／千賀靖子（元樟蔭東短期大学）

鳥取県　松島文子（元鳥取短期大学）／板倉一枝（鳥取短期大学）

島根県　石田千津恵（島根県立大学）／藤江未沙（松江栄養調理製菓専門学校）

岡山県　藤井わか子（美作大学短期大学部）／青木三恵子（高知大学（客））／小川眞紀子（ノートルダム清心女子大学）／槇尾幸子（元中国学園大学）／大野婦美子（元くらしき作陽大学）／藤堂雅恵（研）（美作大学）／人見哲子（美作大学）／新田陽子（岡山県立大学）／我如古菜月（福山大学）／加賀田江里（中国短期大学）／藤井久美子（山陽学園大学）

広島県　岡本洋子（広島修道大学）／村田美穂子（広島文化学園短期大学）／渡部佳美（広島女学院大学）／石井香代子（福山大学）／奥田弘枝（元広島女学院大学）／海切弘子（広島文化学園短期大学）／上村芳枝（元比治山大学）／木村留美（広島国際大学）／渕上倫子（元福山大学）／前田ひろみ（広島文化学園短期大学）／木村安美（九州大学）／高橋知佐子（元福山大学）／塩田良子（広島文教大学）／政田圭子（元鈴峯女子短期大学）／小長谷紀子（安田女子大学）／山口享子（中国学園大学（嘱））／北林佳織（比治山大学）

山口県　五島淑子（山口大学）／園田純子（山口県立大学）／池田博子（元西南女学院大学短期大学部）／櫻井菜穂子（元宇部フロンティア大学短期大学部）／廣田幸子（山陽学園短期大学）／福田翼（水産大学校）／山本由美（元池坊短期大学）／森永八江（山口大学）

徳島県　髙橋啓子（四国大学）／金丸芳（徳島大学）／松下純子（徳島文理大学短期大学部）／長尾久美子（徳島文理大学短期大学部）／近藤美樹（徳島文理大学）／後藤月江（四国大学短期大学部）／三木章江（四国大学短期大学部）／川端紗也花（四国大学）／坂井真奈美（徳島文理大学短期大学部）

香川県　次田一代（香川短期大学）／加藤みゆき（元香川大学）／川染節江（元明善短期大学）／村川みなみ（香川短期大学）／渡辺ひろ美（香川短期大学）

愛媛県　亀岡恵子（松山東雲短期大学）／宇髙順子（愛媛大学）／香川実恵子（松山東雲女子大学（非））／武田珠美（熊本大学）／皆川勝子（松山東雲短期大学）

高知県　小西文子（東海学院大学）／野口元子／福留奈美（東京聖栄大学）

福岡県　三成由美（中村学園大学）／宮原葉子（中村学園大学）／松隈美紀（中村学園大学）／入来寛（中村学園大学）／御手洗早也伽（中村学園大学）／熊谷奈々（中村学園大学）／大仁田あずさ（元中村学園大学）／八尋美希（近畿大学九州短期大学）／秋永優子（福岡教育大学）／川島年生（中村学園大学（非））／新冨瑞生（九州女子大学）／末田和代（元精華女子短期大学）／楠瀬千春（九州栄養福祉大学）／仁後亮介（中村学園大学短期大学部）／吉岡慶子（元中村学園大学）／猪田和代（太刀洗病院）／山本亜衣（九州女子大学）

佐賀県　西岡征子（西九州大学短期大学部）／副島順子（元西九州大学）／武富和美（西九州大学短期大学部）／萱島知子（佐賀大学）／成清ヨシヱ（元西九州大学短期大学部）／橋本由美子（西九州大学短期大学部（非））

長崎県　冨永美穂子（広島大学）／久木野睦子（活水女子大学）／石見百江（長崎県立大学）

熊本県　秋吉澄子（尚絅大学短期大学部）／北野直子（元熊本県立大学）／戸次元子（老健施設もやい館）／川上育代（尚絅大学）／原田香（尚絅大学短期大学部）／中嶋名菜（熊本県立大学）／小林康子（尚絅大学短期大学部）／柴田文（尚絅大学短期大学部）

大分県　西澤千惠子（元別府大学）／立松洋子（元別府大学短期大学部）／望月美左子（別府溝部学園短期大学）／高松伸枝（別府大学）／宇都宮由佳（学習院女子大学）／山嵜かおり（東九州短期大学）／麻生愛子（東九州短期大学）

宮崎県　篠原久枝（宮崎大学）／長野宏子（元岐阜大学）／磯部由香（三重大学）／秋永優子（福岡教育大学）

鹿児島県　木之下道子（鹿児島純心女子大学）／木下朋美（鹿児島県立短期大学）／進藤智子（鹿児島純心女子短期大学）／山﨑歌織（鹿児島女子短期大学）／木戸めぐみ（鹿児島女子短期大学）／大倉洋代（鹿児島女子短期大学（非））／大富あき子（東京家政学院大学）／大山典子（鹿児島純心女子短期大学）／新里葉子（鹿児島純心女子大学）／福元耐子（鹿児島純心女子大学）／山下三香子（鹿児島県立短期大学）／大富潤（鹿児島大学）／竹下温子（静岡大学）／千葉しのぶ（千葉しのぶ鹿児島食文化スタジオ）／久留ひろみ（奄美食育食文化プロジェクト）／森中房枝（元鹿児島純心女子大学）

沖縄県　田原美和（琉球大学）／森山克子（元琉球大学）／我那覇ゆりか（沖縄大学）／大城まみ（琉球大学）／名嘉裕子（デザイン工房美南海）

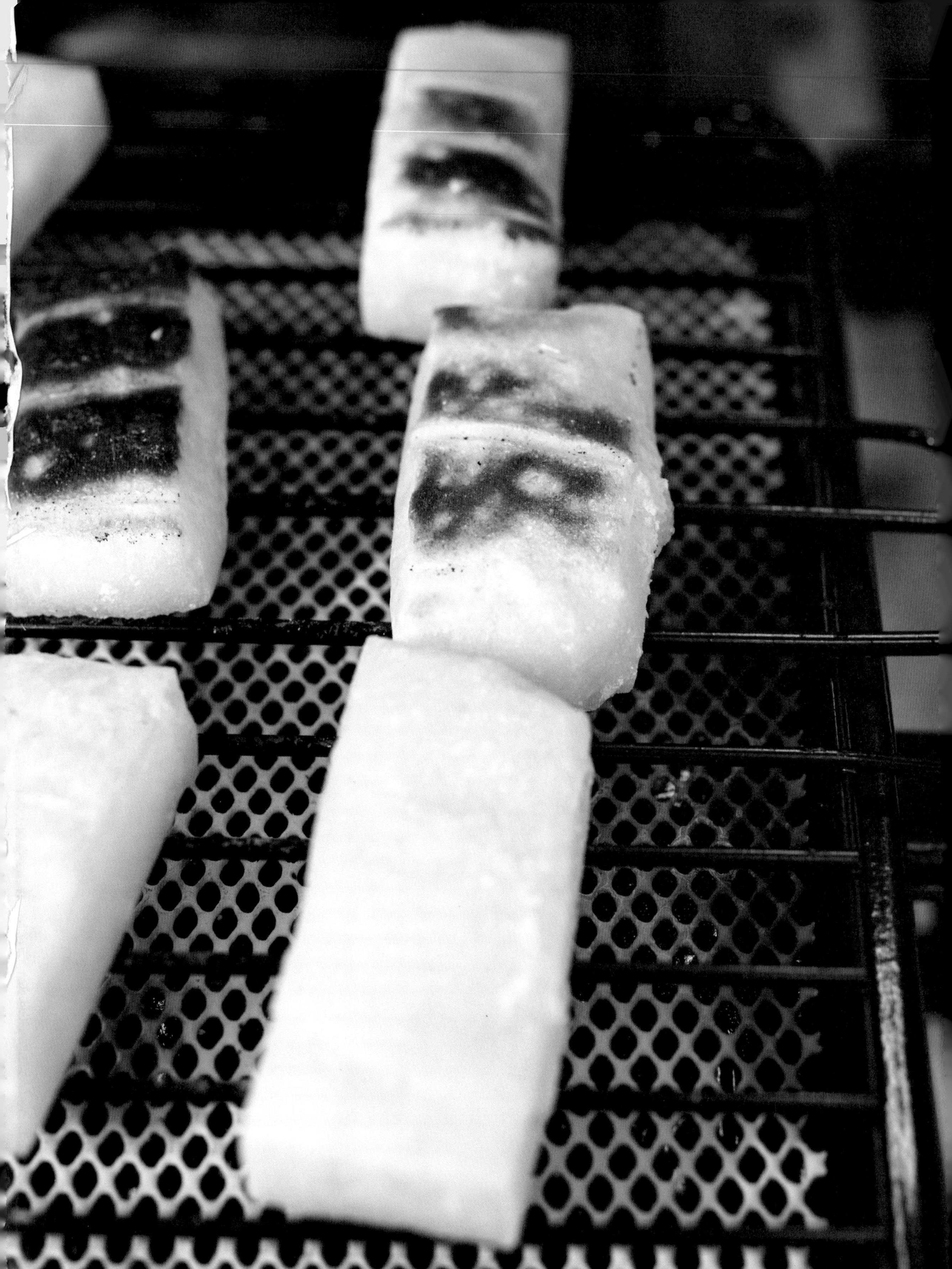

雑煮用のもちを焼く（鹿児島県鹿児島市）　写真／長野陽一

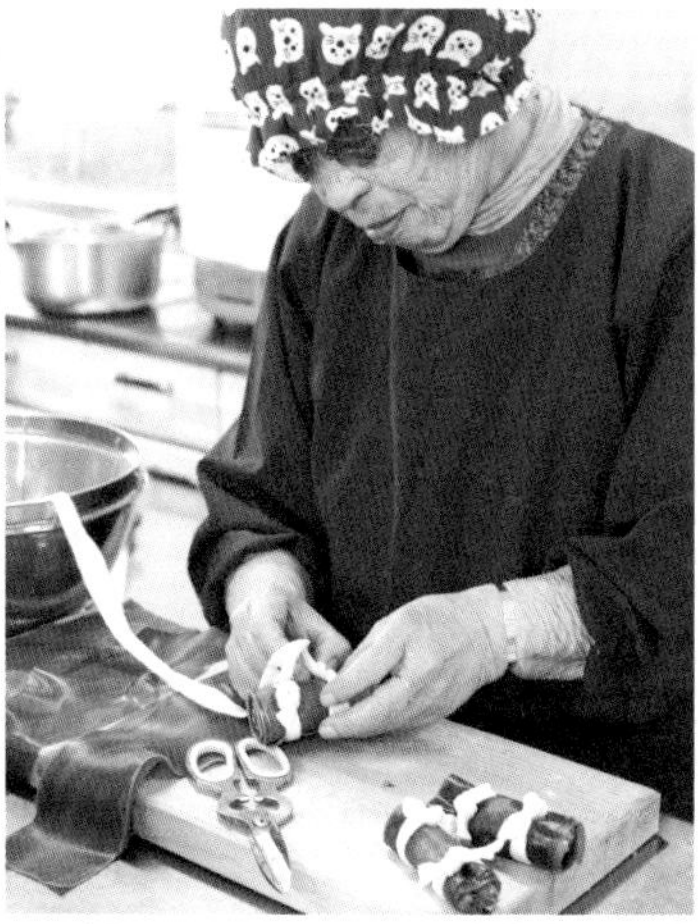

左上から右へ。なます用の干し柿を切る(奈良県山添村)、水をきったアンコウを切り分け、とも和えをつくる(秋田県八峰町)、ザルにあげた煮しめ(宮崎県諸塚村)、雑煮の具を温める(鹿児島県鹿児島市)、昆布巻きを結ぶ(岡山県総社市)、具をアラメで巻き、ずいきで結ぶ(愛知県津島市)、いずし用のご飯と麹を混ぜ合わせる(北海道帯広市)　写真／五十嵐公、高木あつ子、長野陽一

全集

伝え継ぐ 日本の家庭料理

年取りと正月の料理

2021年12月10日 第1刷発行

企画・編集

一般社団法人 日本調理科学会

発行所

一般社団法人 農山漁村文化協会
〒107-8668 東京都港区赤坂7-6-1
☎ 03-3585-1142（営業）
☎ 03-3585-1145（編集）
FAX 03-3585-3668
振替 00120-3-144478
http://www.ruralnet.or.jp/

アートディレクション・デザイン

山本みどり

制作

株式会社 農文協プロダクション

印刷・製本

凸版印刷株式会社

＜検印廃止＞
ISBN978-4-540-19195-4

定価はカバーに表示

乱丁・落丁本はお取替えいたします

本扉裏写真／戸倉江里（p42 佐賀県・有田の鏡もち）
扉写真／長野陽一（p5、49）、五十嵐公（p58、71）、
高木あつ子（p81、94）

本書は「別冊うかたま」2020年12月号を書籍化したものです。

「伝え継ぐ 日本の家庭料理」出版にあたって

一般社団法人 日本調理科学会では、2000年度以来、「調理文化の地域性と調理科学」をテーマにした特別研究に取り組んできました。2012年度からは「次世代に伝え継ぐ 日本の家庭料理」の全国的な調査研究をしています。この研究では地域に残されている特徴ある家庭料理を、聞き書き調査により地域の暮らしの背景とともに記録しています。

こうした研究の蓄積を活かし、「伝え継ぐ 日本の家庭料理」の刊行を企図しました。全国に著作委員会を設置し、都道府県ごとに40品の次世代に伝え継ぎたい家庭料理を選びました。その基準は次の2点です。

①およそ昭和35年から45年までに地域に定着していた家庭料理
②地域の人々が次の世代以降もつくってほしい、食べてほしいと願っている料理

そうして全国から約1900品の料理が集まりました。それを、「すし」「野菜のおかず」「行事食」といった16のテーマに分類して刊行するのが本シリーズです。日本の食文化の多様性を一覧でき、かつ、実際につくることができるレシピにして記録していきます。ただし、紙幅の関係で掲載しきれない料理もあるため、別途データベースの形ですべての料理の情報をさまざまな角度から検索し、家庭や職場、研究等の場面で利用できるようにする予定です。

日本全国47都道府県、それぞれの地域に伝わる家庭料理の味を、つくり方とともに聞き書きした内容も記録することは、地域の味を共有し、次世代に伝え継いでいくことにつながる大切な作業と思っています。読者の皆さんが各地域ごとの歴史や生活習慣にも思いをはせ、それらと密接に関わっている食文化の形成に対する共通認識のようなものが生まれることも期待してやみません。

日本調理科学会は2017年に創立50周年を迎えました。本シリーズを創立50周年記念事業の一つとして刊行することが日本の食文化の伝承の一助になれば、調査に関わった著作委員はもちろんのこと、学会として望外の喜びとするところです。

2017年9月1日

一般社団法人 日本調理科学会　会長　香西みどり

＊なお、本シリーズは聞き書き調査に加え、地域限定の出版物や非売品の冊子を含む多くの文献調査を踏まえて執筆しています。これらのすべてを毎回列挙することは難しいですが、今後別途、参考資料の情報をまとめ、さらなる調査研究の一助とする予定です。